「十四五」國家重點出版物出版規劃項目
二〇二一—二〇三五年國家古籍工作規劃重點出版項目

中華古籍保護計劃

ZHONG HUA GU JI BAO HU JI HUA CHENG GUO

·成果·

國家珍貴古籍叢刊

宋本山海經

（晋）郭璞 注

國家圖書館出版社

圖書在版編目（CIP）數據

宋本山海經 /（晉）郭璞注. -- 北京：國家圖書館出版社, 2025.7. --（國家珍貴古籍叢刊）. -- ISBN 978-7-5013-8578-2

Ⅰ. K928.626

中國國家版本館CIP數據核字第2025FE2396號

書　　名　宋本山海經
著　　者　（晉）郭　璞　注
叢 書 名　國家珍貴古籍叢刊
責任編輯　張珂卿
封面設計　翁　涌

出版發行　國家圖書館出版社（北京市西城區文津街7號　100034）
（原書目文獻出版社　北京圖書館出版社）
010-66114536　63802249　nlcpress@nlc.cn（郵購）
網　　址　http://www.nlcpress.com
排　　版　愛圖工作室
印　　裝　北京雅圖新世紀印刷科技有限公司
版次印次　2025年7月第1版　2025年7月第1次印刷

開　　本　710×1000　1/16
印　　張　17.75
書　　號　ISBN 978-7-5013-8578-2
定　　價　140.00圓

《國家珍貴古籍叢刊》編纂委員會

《國家珍貴古籍叢刊》前言

中國古代文獻典籍是中華民族創造的重要文明成果。這些典籍承載着中華五千年的悠久歷史，不僅是中華優秀傳統文化的重要載體之一，還是民族凝聚力和創造力的重要源泉，更是人類珍貴的文化遺産。

黨的十八大以來，以習近平總書記爲核心的黨中央站在實現中華民族偉大復興的戰略高度，對傳承和弘揚中華優秀傳統文化作出一系列重大決策部署。習近平總書記多次圍繞中華優秀傳統文化保護弘揚、挖掘闡發、傳播推廣、融合發展作出重要論述，强調『要加强對中華優秀傳統文化的挖掘和闡發』，讓『書寫在古籍裏的文字都活起來』。二〇二三年，習近平總書記在文化傳承發展座談會上强調，祇有全面深入瞭解中華文明的歷史，纔能更有效地推動中華優秀傳統文化創造性轉化、創新性發展，更有力地推進中國特色社會主義文化建設，建設中華民族現代文明。黨和國家的高度重視和大力支持，把中華珍貴典籍的保護和傳承工作推上了新的歷史高度。

保護好、傳承好、利用好這些文獻典籍，對於傳承和弘揚中華民族優秀傳統文化，維護國家統一和民族團結，推動社會主義文化大發展大繁榮，促進國際文化交流和構建人類命運共同體，都具有十分重要的意義。二〇〇七年，國家啓動了『中華古籍保護計劃』。該計劃在文化和旅游部領導下，由國家古籍保護中心負責實施，十餘年來，古籍保護成效顯著，在社會上産生了極大反響。迄今爲止，國務院先後公布了六批《國家珍貴古籍名録》，收録了全國各藏書機構及個人收藏的珍貴古籍一萬三千零二十六部。

爲深入挖掘這些寶貴的文化遺産，更好地傳承文明、服務社會，科學合理有效地解决古籍收藏與利用的矛盾，二〇二四年，國家古籍保護中心啓動《國家珍貴古籍叢刊》叢書項目。該項目入選《二〇二一—二〇三五年國家古籍工作規劃》重點出版項目，是貫徹落實新時代弘揚中華優秀傳統文化的重要舉措。

本《叢刊》作爲古籍數字化的有益補充，將深藏内閣大庫的善本古籍化身千百，普惠廣大讀者。根據『注重普及、體現價值、避免重複』的原則，從入選第一至六批《國家珍貴古籍名録》的典籍中遴選出『時代早、流傳少、價值高，經典性較强、流傳度較廣』的存世佳槧爲底本，尤其重視『尚未出版過的、版本極具特殊性的、内容膾炙人口的』善本。通過『平民化』的出版方式進行全文高精彩印，以合理的價格、上乘的印刷品質讓大衆看得到、買得起、用得上。旨在用大衆普及活化推廣方式出版國家珍貴古籍，讓這些沉睡在古籍中的文字重新煥發光彩，爲學術界、文化界乃至廣大讀者提供豐富的學術資料和閲讀享受，更爲廣大學者、古籍保護從業人員、古籍收藏愛好者從事學術研究、版本鑒定、保護收藏等提供一部極爲重要的工具書。

本《叢刊》由國家圖書館出版社出版，在編纂過程中，保持古籍的原貌，力求做到影印清晰、編排合理。本《叢刊》不僅全文再現古籍的内容，每部書還附一篇名家提要，爲研究古籍流傳、版本變遷、學術思想等内容，提供重要資料。通過本《叢刊》的出版，我們相信對於推動古籍整理與研究工作、傳承中華優秀傳統文化、增强民族文化自信具有重要意義，也將有助於更多的人瞭解和認識中華文化的博大精深，激發人們對傳統文化的熱愛與傳承意識，爲中華民族的偉大復興貢獻力量。

《國家珍貴古籍叢刊》項目啓動以來，得到專家學者的廣泛關注，以及全國各大圖書館的大力支持。同時，我們也期待更多的學者、專家及廣大讀者能够關注和支持古籍保護工作，共同爲傳承和弘揚中華優秀傳統文化而努力。

國家古籍保護中心

二〇二四年九月

《國家珍貴古籍叢刊》出版説明

爲更好地傳承文明，服務社會，科學合理有效地解决古籍收藏與利用的矛盾，國家古籍保護中心聯合全國古籍重點保護單位，開展《國家珍貴古籍叢刊》高精彩印出版項目，以促進古籍保護成果的揭示、整理與利用，加强古籍再生性保護和研究。

《叢刊》所選文獻按照『注重普及、體現價值、避免重複』的原則，遴選出『時代早、流傳少、價值高，經典性較强、流傳度較廣』的存世佳槧爲底本高精彩印。按經、史、子、集分類編排，所選每種書均單獨印行，分批陸續出版。各書延聘專家撰寫提要，介紹該文獻著者、基本内容及其學術價值、版本價值，同時説明入選《國家珍貴古籍名録》批次、名録號等；各書編有詳細目録、設置書眉，以便讀者檢索和閲讀；正文前列牌記展示該文獻館藏單位、版本情况和原書尺寸信息。

書後附《國家珍貴古籍叢刊》目録，爲讀者提供最新、最全的書目信息。

國家圖書館出版社

二〇二五年五月

（晋）郭璞注

山海經

宋淳熙七年（一一八〇）池陽郡齋刻本

據國家圖書館藏宋淳熙
七年池陽郡齋刻本影印
原書版框高二十一點二
厘米寬十四點三厘米

《宋本山海經》十八卷，晋郭璞注，宋淳熙七年（一一八〇）池陽郡齋刻本。此本入選第一批《國家珍貴古籍名録》（名録號〇〇七七八）。

《山海經》是一部先秦地理博物著作，其撰作并非出於一時一人之手。西漢劉歆校勘古本後，編定爲十八篇。東晋郭璞爲之作注，并增入《大荒經》四篇與《海内經》一篇，改篇爲卷，共二十三卷。郭璞又注音二卷、作《圖贊》二卷（《漢書·藝文志》）。郭璞之書今已不存。現存最早刊本爲南宋尤袤池陽郡齋本。

劉歆，字子駿，後改名秀，字穎叔，沛縣（今屬江蘇）人，爲經學家劉向之子。少時即通《詩》《書》、善作文，漢成帝召爲黄門郎。漢河平元年（前二八）受詔與父劉向同校群書。學識淵博，於六藝、傳記、詩賦、術數、方技等皆有造詣。著有《遂初賦》《甘泉宫賦》《燈賦》及《移讓太常博士書》等，收入清嚴可均所輯《全上古三代秦漢三國六朝文》。明代張溥輯有《漢劉子駿集》，收入清吴汝綸評選《漢魏六朝百三家集》。

郭璞，字景純，河東聞喜（今屬山西）人。父郭瑗，尚書都令史，以公正端方著稱。郭璞博學高才，好古文奇字，通於五行、天文、卜筮之術。訥於言論，而以詞賦見長。西晋惠帝、懷帝時避永嘉之亂而過江。愍帝建興元年（三一三），爲宣城太守殷佑參軍。建興三年，被王導引以參軍事。東晋元帝時，拜著作佐郎，遷尚書郎。後丁母憂去職守制。明帝太寧元年（三二三），由王敦起爲記室參軍。次年，王敦意欲謀逆，令璞卜筮，璞謂其必敗，爲敦所殺。平王敦之亂後，明帝追贈璞爲弘農太守。郭璞亦爲《爾雅》《方言》《穆天子傳》《楚辭》諸書作注，多傳於世。

據劉歆《上〈山海經〉表》、卷九《海外東經》和卷十三《海内東經》卷末署名，可知劉歆與丁望、王龔等共同校治此書，後經南宋尤袤歷時三十年系統校勘，於淳熙七年在池陽刻書坊池陽郡齋付梓。尤袤，字延之，小字季長，號遂初居士，晚號樂溪、木石老逸民，無錫人。與楊萬里、范成大、陸游并稱爲『南宋四大詩人』。著有《梁溪集》等。

今傳郭注本《山海經》，主要由《山經》《海經》構成。《山經》又稱《五臧山經》，包括《南山經》《西山經》《北山經》《東山經》《中山經》五部分，以河洛盆地爲核心，按不同方位記述山脉與河流、物産及其功效、地貌與礦産、山神與祀神儀式等内容；《海經》由近及遠記述了各地的异人奇事，如夸父追日、精衛填海等，亦有帝俊和黄帝相關的神話傳説。

尤袤跋文所記卷次，與郭注本一致。國家圖書館所藏宋刻本，即尤袤刻本，但尤跋已佚。國家圖書館藏明毛扆校跋之明刻本可補尤跋。毛校本共三册，據之可見毛校本之概況。上册與中册題簽云：『《山海經》，從尤延之宋本校正。』下册題簽云：『《山海經》，從尤延之宋本校正。影寫尤延之跋，并文三橋跋。』文三橋，即文彭（字壽承，號三橋）。文跋謂：『己亥六月既望，獲觀《山海經》於沈辨之有竹莊。後有尤延之跋尾，叙之甚詳。古書之流傳於世，日漸散落，而新刻又多舛謬，能不爲之三嘆！文彭。』可知文彭所見尤跋，來自己亥年（一五三九）所觀沈辨之藏本。文跋前後分别鈐有『竹塢』和『文彭印』『文壽承父』等印。尤、文之跋，毛扆均已影寫，其曰：『《山海經》向無善本，於泰興季氏見宋刻三册，係尤延之校刊者，檇李項氏故物也。有文三橋跋。滄葦殁，其書散爲雲烟。後聞歸於昆山徐氏，無由得見。近爲郡友所購，隨與借校。板心分上、中、下，其尤序、文跋亦影寫之，行數、葉數皆鈎以識之。他日從此録出，亦可稱善本矣。』跋文前後有『在水一方』與『毛扆之印』『斧季』等印。可知季振宜（號滄葦）所藏爲尤袤校定之刊本，原是項元汴（自稱檇李項，字子京，號墨林）所藏，後由徐乾學收藏。毛氏借校之宋刻本，并非國家圖書館藏本。

此宋刻本三册，第一册爲郭璞《山海經序》、目録、劉歆（秀）撰《上〈山海經〉表》、卷一到卷三，包含《南山經》《西山經》《北山經》；第二册爲卷四到卷七，包含《東山經》《中山經》

《海外南經》《海外西經》；第三册爲卷八到卷十八，包含《海外北經》《海外東經》《海内南經》《海内西經》《海内北經》《海内東經》《大荒東經》《大荒南經》《大荒西經》《大荒北經》《海内經》。此本諱字爲『慎』，皆缺末筆，是目前所見最早的《山海經》版本。曾爲汪士鐘（字春霆，號閬源）收藏，有『宋本』『汪士鐘曾讀』等印；後由楊以增購藏，有『海源閣』『以增私印』『關西節度系關西』等印；後由次子楊紹和（字彦合，又字念微，號協卿、筠岩）收藏，有『楊紹和』『楊彦合讀書印』『宋存書室』『世德雀環子孫絜白』等印；最後由周叔弢收藏，有『周暹』等印。一九五二年弢翁將藏書悉數捐贈，此本現藏國家圖書館。（趙大瑩）

目録

山海經序

世之覽山海經者皆以其閎誕迂誇多奇恠俶儻之言莫不疑焉嘗試論之曰莊生有云人之所知莫若其所不知吾於山海經見之矣夫以宇宙之寥廓群生之紛紜陰陽之煦蒸萬殊之區分精氣渾淆自相濆薄遊魂靈怪觸像而構流形於山川麗狀於木石者惡可勝言乎然則摠其所以乖鼓之於一響成其所以變混之於一象世之所謂異未知其所以異世之所謂不異未知其所以不異何者物不自異待我而後異異果在我非物異也故胡人見布而疑黂越人見罽而駭毳夫翫所

習見而奇所希聞此人情之常蔽也今略舉可以明之
者陽火出於氷水陰鼠生於炎山而俗之論者莫之或
怪及談山海經所載而咸怪之是不怪所可怪而怪所
不可怪也不怪所可怪則幾於無怪矣怪所不可怪
未始有可怪也夫能然所不可不可所不可然則理
不然矣案汲郡竹書及穆天子傳穆王西征見西王母
執璧帛之好獻錦組之屬穆王享王母于瑶池之上賦
詩往來辭義可觀遂襲崑崙之丘遊軒轅之宮眺鍾山
之嶺玩帝者之寶勒石王母之山紀跡玄圃之上乃取
其嘉木豔草奇鳥怪獸玉石珍瑰之器金膏燭銀之[illegible]

歸而殖養之於中國穆王駕八駿之乘右服盜驪左驂
騄耳造父爲御𠂤戎爲右萬里長騖以周歷四荒名山
大川靡不登濟東外大人之堂西燕王母之廬南轢黿
鼉之梁北躡積羽之衢窮歡極娱然後旋歸案史記説
穆王得盜驪騄耳驊騮之驥使造父御之以西巡狩見
西王母樂而忘歸亦與竹書同左傳曰穆王欲肆其
使天下皆有車轍馬跡焉竹書所載則是其事也而譙
周之徒足爲通識瑰儒而雅不平此驗之史考以著其
妄司馬遷叙大宛傳亦云自張騫使大夏之後窮河源
惡覩所謂崑崙者乎至禹本紀山海經所有怪物余不

敢言也不亦悲乎若竹書不潛出於千載以作徵於今
日者則山海之言其幾乎廢矣若乃東方生曉畢方之
名劉子政辨盜械之尸王頎訪兩面之客海民獲長臂
之衣精驗潛効絕代懸符於戲群惑者其可以少寤乎
是故聖皇原化以極變象物以應怪鑒無滯賾曲盡
情神焉廋哉神焉廋哉蓋此書跨世七代歷載三千
暫顯於漢而尋亦寢廢其山川名號所在多有舛謬與
今不同師訓莫傳遂將湮泯道之所存俗之所喪悲夫
余有懼焉故爲之創傳疏其壅閡闢其茀蕪領其玄致
標其洞涉庶幾令逸文不墜于世奇言不絕於今夏后

之迹靡刋於將來八荒之事有聞於後裔不亦可乎夫
鷰翥之翔叵以論垂天之凌蹄涔之遊無以知絳虬之
騰鈞天之庭豈伶人之所躡無航之津豈蒼兕之所涉
非天下之至通難與言山海之義矣嗚呼達觀博物之
客其鑒之哉

山海經目摠十八卷

海內南經第十 本三百六十四字注七百九字

海內西經第十一 本四百三十九字注六百九十五字

海內北經第十二 本五百九十四字注四百九十五字

海內東經第十三 本六百二十四字注二千四百九十五字

大荒東經第十四 本八百六十四字注八百一十三字

大荒南經第十五 本九百七十二字注五百九十八字

大荒西經第十六 本一千二百八十二字注一千二百三字

大荒北經第十七 本一千五十六字注七百六十七字

海內經第十八 本一千一百十一字注九百六十七字此海內經及大荒經本皆逸在外

侍中奉車都尉光祿大夫臣秀領校祕書言校祕書太

常屬臣望所校山海經凡三十二篇今定為一十八篇
已定山海經者出於唐虞之際昔洪水洋溢漫衍中國
民人失據崎嶇於丘陵巢於樹木鯀既無功而帝堯使
禹繼之禹乘四載隨山刊木定高山大川益與伯翳主
驅禽獸命山川類草木別水土四嶽佐之以周四方逮
人跡之所希至及舟輿之所罕到內別五方之山外分
八方之海紀其珍寶奇物異方之所生水土草木禽獸
昆蟲麟鳳之所止禎祥之所隱及四海之外絕域之國
殊類之人禹別九州任土作貢而益等類物善惡著山
海經皆聖賢之遺事古文之著明者也其事質明有信

孝武皇帝時嘗有獻異鳥者食之百物所不肯食東方
朔見之言其鳥名又言其所當食如朔言問朔何以知
之即山海經所出也孝宣皇帝時擊磻石於上郡陷得
石室其中有反縛盜械人時臣秀父向爲諫議大夫言
此貳負之臣也詔問何以知之亦以山海經對其文曰
貳負殺窫窳帝乃梏之疏屬之山桎其右足反縛兩手
上大驚朝士由是多奇山海經者文學大儒皆讀學以
爲奇可以考禎祥變怪之物見遠國異人之謠俗故易
曰言天下之至賾而不可亂也博物之君子其可不惑
焉臣秀昧死謹上

南山經第一

郭氏傳

南山經之首曰䧿山其首曰招摇之山臨于西海之上在蜀伏山山南之西頭濵西海也多桂桂葉似枇杷長二尺餘廣數寸味辛白花叢生山峯冬夏常青間無雜木呂氏春秋曰招摇之桂多金玉有草焉其狀如韭㮚曰韭音九爾雅云霍山亦多之而青花其名曰祝餘或作桂茶食之不飢有木焉其狀如穀而黑理穀楮也皮作紙㮚曰穀亦名構名穀者以其實如穀也其華四照言有光燄也若木華赤其光照地亦此類也見離騷經其名曰迷穀佩之不迷有獸焉其狀如禺而白耳禺似獼猴而大赤目長尾今江南山中多有說者不了此物名禺作牛字圖亦作牛形或作猴皆失之也禺字音遇伏行人走其名曰狌狌食之善走生生禺獸狀如猿伏行交足亦此類也見京房易麗𪊨之水出焉𪊨音几而

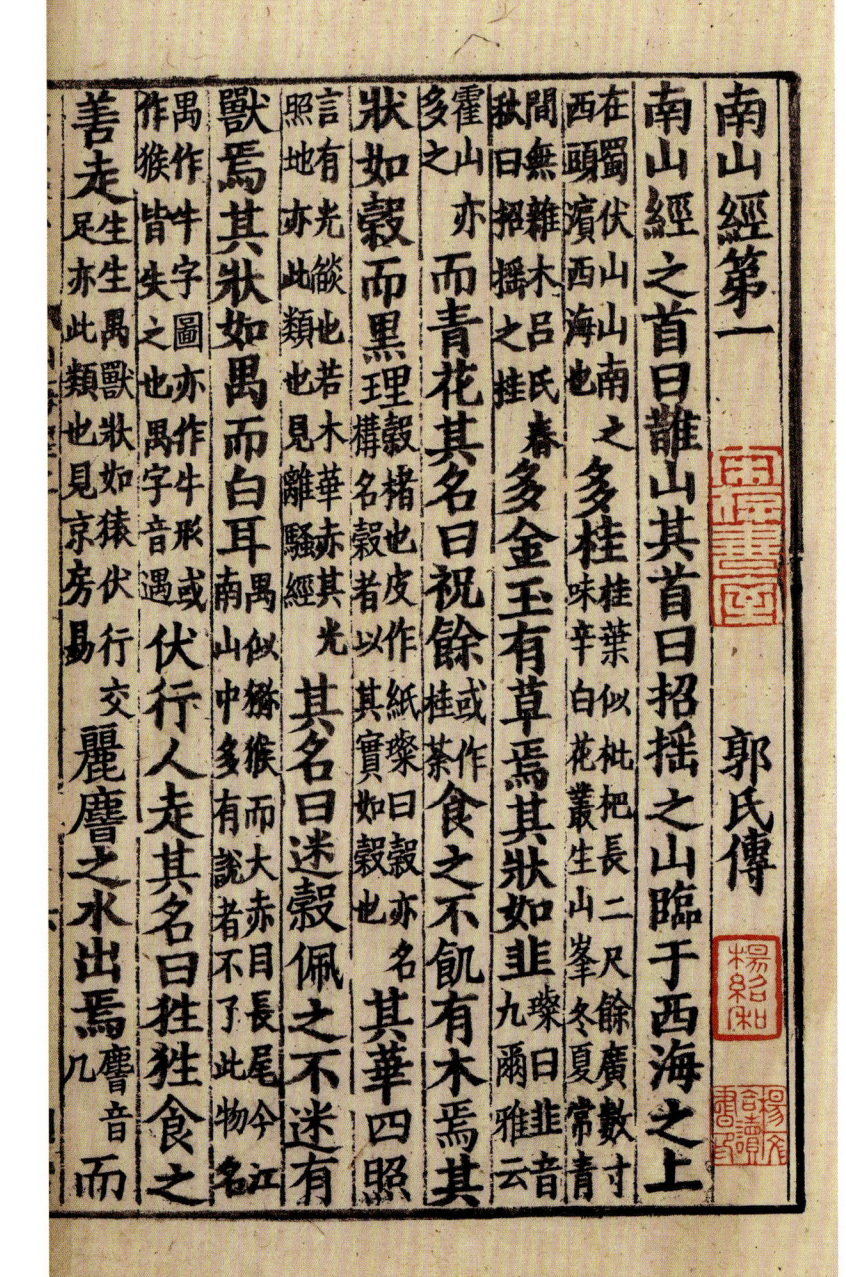

西流注于海其中多育沛（未詳）佩之無瘕疾（瘕蟲病也）
又東三百里曰堂（一作常）庭之山多棪木（棪別名連其子似柰而赤可食音剡）
多白猿（今猿似獼猴而大臂脚長便捷色有黑有黄鳴其聲哀）多水玉（水玉今水精也相如上林賦曰水玉磊砢赤松子所服見列仙傳）多黄金
又東三百八十里曰猨翼之山其中多怪獸水多怪魚（凡怪者皆謂皃狀倔奇不常也尸子曰徐偃王好怪沒深水而得怪魚入深山而得怪獸者多列於庭）多白玉多蝮虫（蝮虫色如綬文鼻上有鍼大者百餘斤一名反鼻虫古虺字）多怪蛇多怪木不可以上
又東三百七十里曰杻陽之山（音紐）其陽多赤金（銅也）其陰多白金（銀也見爾雅山南為陽山北為陰）有獸焉其狀如馬而白首其文

如虎而赤尾其音如謡（如人歌声）其名曰鹿蜀佩之宜子孫（佩謂帶其皮尾）怪水出焉而東流注于憲翼之水其中多玄龜其狀如龜而鳥首虺尾（虺尾鋭）其名曰旋龜其音如判木（如破木声）佩之不聾可以爲底（底躪也爲猶治也外傳曰疾不可爲一作底猶病愈也）

東三百里曰柢山（音帶）多水無草木有魚焉其狀如牛陵居蛇尾有翼其羽在魼下（亦作脅）其音如留牛（莊子曰執犁之狗謂此牛也穆天子傳曰天子之狗執虎豹）其名曰鯥（音六）冬死而夏生（此亦蟄類也謂之死者言其蟄無所知如死耳）食之無腫疾

又東四百里曰亶爰之山（亶音蟬）多水無草木不可以上（言嶡峭也）有獸焉其狀如狸而有髦其名曰類（類或作沛髦或作髮）自爲

牝牡食者不妬莊子亦曰類自爲雌雄而化今貆猪亦自爲雌雄又東三百里曰基山其陽多玉其陰多怪木有獸焉其狀如羊九尾四耳其目在背其名曰猼訑猼施二音施一作陁佩之不畏不知恐畏有鳥焉其狀如鷄而三首六目六足三翼其名曰鶘鵂鶘鵂急性敞孚二音食之無卧使人少眠

又東三里曰青丘之山亦有青丘國在海外水經云即上林賦云秋田於青丘其陽多玉其陰多青雘雘黝屬音瓠有獸焉其狀如狐而九尾即九尾狐其音如嬰兒能食人食者不蠱噉其肉令人不逢妖邪之氣或曰蠱蠱毒有鳥焉其狀如鳩其音若呵如人相呵呼声名曰灌灌或作濩濩佩之不惑英水出焉南流注于即翼之澤其中多赤鱬

其狀如魚而人面其音如鴛鴦食之不疥（一作疾）
又東三百五十里曰箕尾之山其尾踆于東海多沙石（踆古
蹲字言臨海上音存）汸水出焉（音芳）而南流注于淯（音育）其中多白玉
凡䧿山之首自招搖之山以至箕尾之山凡十山二千
九百五十里其神狀皆鳥身而龍首其祠之禮毛（言擇牲取
其毛色也周官曰陽祀用騂牲之毛）用一璋玉瘞（半圭爲璋瘞埋也）糈用稌米（糈祀
神之米名先呂反今江東音所一音壻稌稌稻也他覩反糈或作疏非也）一壁稻米白菅爲
席（菅茅屬也音間）
南次二經之首曰柜山（音矩）西臨流黃北望諸毗東望長
右（皆山名）英水出焉西南流注于赤水其中多白玉（尸子曰水

（方折者有玉貟折者有珠）多丹粟（細丹砂如粟也）有獸焉其狀如豚有距其音如狗吠其名曰狸力見則其縣多土功有鳥焉其狀如鵙而人手（其脚如人手鵙音處脂反）其音如痺（未詳）其名曰鴸（音株）其鳴自號也見則其縣多放士（放放逐或作效也）

東南四百五十里曰長右之山無草木多水有獸焉其狀如禺而四耳其名長右（以山出比獸因以名之）其音如吟（如人呻吟）聲見則其郡縣大水

又東三百四十里曰堯光之山其陽多玉其陰多金有獸焉其狀如人而彘鬛穴居而冬蟄其名曰猾褢（滑懷兩音）其音如斲木（如人斫木聲）見則縣有大繇（謂作役也或曰其縣乱）

又東三百五十里曰羽山今東海祝其縣西南有羽山即鯀所殛處計此道里不相應似非也其下多水其上多雨無草木多蝮虫蚖也

又東三百七十里曰瞿父之山音劬無草木多金玉

又東四百里曰句餘之山無草木多金玉今在會稽餘姚縣南句章縣北故此二縣因此爲名云見張氏地里志

又東五百里曰浮玉之山北望具區具區今吳縣西南太湖也尚書謂之震澤東望諸毗水名有獸焉其狀如虎而牛尾其音如吠犬其名曰彘是食人苕水出于其陰北流注于具區其中多鮆魚鮆魚狹薄而長頭大者尺餘太湖中今饒之一名刀魚音祚啓反

又東五百里曰成山四方而三壇形如人築壇相累也成亦重耳其上多

金玉其下多青䨼闒水出焉（音涿）而南流注于（一作流注于西）虖勺（虖音乎勺或作多下同）其中多黄金（今永昌郡水出金如糠在沙中尸子曰清水出黄金玉英）

又東五百里曰會稽之山四方（今在會稽郡山陰縣南上有禹冢及井）其上多金玉其下多砆石（砆武夫石似玉今長沙臨湘出之赤地白文色龍葱不分明）勺水出焉而南流注于湨（音鵙）

又東五百里曰夷山無草木多砂石湨（湨一作浿）水出焉而南流注于列塗

又東五百里曰僕勾（一作夕）之山其上多金玉其下多草木無鳥獸無水

又東五百里曰咸陰之山無草木無水

又東四百里曰洵山（洵一作旬）其陽多金其陰多玉有獸焉其狀如羊而無口不可殺也（稟氣自然）其名曰䍺（音還或音患）洵水出焉（音詢）而南流注于閼之澤（音遏）其中多芘蠃（紫色螺也）

又東四百里曰虖勺之山其上多梓枏（梓山楸也枏大木葉似桑今作楠音南爾雅以爲柟）其下多荊杞（杞苟杞也子赤）滂水出焉（音滂沱之滂）而東流注于海

又東五百里曰區吴之山無草木多砂石鹿水出焉而南流注于滂水

又東五百里曰鹿吴之山上無草木多金石澤更之水出

焉而南流注于滂水水有獸焉名曰蠱雕音或作纂其狀如
雕而有角其音如嬰兒之音是食人
東五百里曰漆吳之山無草木多博石無玉可以為博棊石處
于海東望丘山其光載出載入神光之所潛燿是惟日次是日景之
所次舍
凡南次二經之首自柜山至于漆吳之山凡十七山七
千二百里其神狀皆龍身而鳥首其祠毛用一璧瘞糈
用稌稌稻穬也
南次三經之首曰天虞之山其下多水不可以上
東五百里曰禱過之山其狀多金玉其下多犀兕犀似水牛

猪頭痺脚脚似象有三蹄大腹黑色三角一在頂在額上一在鼻上在鼻上者小而不墮食角也好噉棘口中常灑血沫兕亦似水牛青色一角重三千斤多象象獸之最大者長鼻大者牙長一丈性妬不畜淫子

有鳥焉其狀如鵁鵁似鳧而小脚近尾音髐箾之髐而白首三足或作手人面其名曰瞿如音劬其鳴自號也泿水出焉音銀而南流注于海其中有虎蛟蛟似蛇四足龍屬其狀魚身而蛇尾其音如鴛鴦食者不腫可以已痔

又東五百里曰丹穴之山其上多金玉丹水出焉而南流注于渤海渤海海岸曲崎頭也有鳥焉其狀如雞五采而文名曰鳳皇首文曰德翼文曰義背文曰禮膺文曰仁腹文曰信是鳥也飲食自然自歌自舞見則天下安寧漢時鳳鳥數出

高五六尺五采莊周說鳳文字与此有異廣雅云鳳鷄頭燕頷蛇頸龜背魚尾雌曰凰雄曰鳳

又東五百里曰發爽或作之山無草木多水多白猿汎水出焉而南流注于渤海

又東四百里至于旄山之尾其南有谷曰育遺或作隧多怪鳥廣雅曰鷄雛鵤朋爰居鵷雀皆怪鳥之屬也凱風自是出凱風南風

又東四百里至于非山之首其上多金玉無水其下多蝮虫

又東五百里曰陽夾之山無草木多水

又東五百里曰灌湘之山上多木無草多怪鳥無獸一作濮湘

又東五百里曰雞山其上多金其下多丹雘雘赤色曰雘美丹也見尚書音尺蠖之蠖黑水出焉而南流注于海其中有鱄魚音團扇之團其狀如鮒而彘毛其音如豚見則天下大旱

又東四百里曰令丘之山無草木多火其南有谷焉曰中谷條風自是出東北風爲條風記曰條風至出輕繫督逋留有鳥焉其狀如梟人面四目而有耳其名曰顒音娛其名自號也見則天下大旱

又東三百七十里曰侖者之山音論說之論一音倫其上多金玉其下多青雘有木焉其狀如穀而赤理其汗如漆其味如飴食者不飢可以釋勞其名曰白蓉或作睪蘇睪蘇一名白蓉見廣雅音

羞可以血玉（血謂可用染玉作光彩）

又東五百八十里曰禺稾之山多怪獸多大蛇

東五百八十里曰南禺之山其上多金玉其下多水有穴焉水春輒入夏乃出冬則閉佐水出焉而東南流注于海有鳳皇鵷鶵（亦鳳屬）

凡南次三經之首自天虞之山以至南禺之山凡一十四山六千五百三十里其神皆龍身而人面其祠皆一白狗祈（祈請禱也）糈用稌

右南經之山志大小凡四十山萬六千三百八十里

西山經第二　郭氏傳

西山經華山之首曰錢來之山其上多松其下多洗石澡洗可以磢體去垢圿磢初兩反有獸焉其狀如羊而馬尾名曰羬羊今大月氏國有大羊如驢而馬尾爾雅云羊六尺為羬謂此羊也羬音針其脂可以已腊治體皴腊音昔

西四十五里曰松果之山濩水出焉北流注于渭其中多銅有鳥焉其名曰螐渠螐音彤弓之彤其狀如山雞黑身赤足可以已曝謂皮皴起也音叵駮反

又西六十里曰太華之山即西岳華陰山也今在弘農華陰縣西南削成而四方今山形上大下小峭峻也其高五千仞其廣十里仞八尺也上有明星玉女持玉

(漿得上服之即成仙道險僻不通詩含神霧云)鳥獸莫居有蛇焉名曰肥𧔥六足四翼見則天下大旱(湯時此蛇見於陽山下復有肥遺蛇疑是同名)

又西八十里曰小華之山(即少華山)其木多荆杞其獸多牸牛(今華陰山中多山牛山羊肉皆千斤牛即此牛也音昨)其陰多磬石(可以為樂石)其陽多㻬琈之玉(㻬琈玉名所未詳也㻬浮兩音)鳥多赤鷩(赤鷩山鷄之屬胷腹洞赤冠金皆黃頭綠尾中有赤毛彩鮮明音作蔽或作鼈)可以禦火其草有萆荔(萆荔香草也蔽戾兩音)狀如烏韭而生於石上亦緣木而生(烏韭在屋者曰昔邪在墻者曰垣衣)食之已心痛

又西八十里曰符禺之山其陽多銅其陰多鐵其上有木焉名曰文莖其實如棗可以已聾其草多條其狀

而赤華黄實如嬰兒舌食之使人不惑符禺之水
而北流注于渭其獸多葱聾其狀如羊而赤鬣其鳥多
鴖音旻其狀如翠而赤喙翠似燕而紺色也可以禦火畜之辟火災也
又西六十里曰石脆之山其木多椶枏椶樹高三丈許無枝條葉大而員歧
生梢頭實皮相裹上行一皮者爲一節可以爲繩一名栟櫚音馬騣之騣其草多條其狀如
韭而白華黑實食之已疥其陽多㻬琈之玉其陰多銅
灌水出焉而北流注于禺水其中有流赭赭赤土以塗牛
馬無病今人亦以朱塗牛角云以辟惡馬或作角
又西七十里曰英山其上多杻橿杻似棣而細葉一名土橿音紐橿木中車材音
姜其陰多鐵其陽多赤金禺水出焉北流注于招水音部

其中多鮮魚音同蚌蛤之蚌其狀如鼈其音如羊其陽多箭䉋
今漢中郡出䉋竹厚裏而長節根深筍冬生地中人掘取食之䉋音媚其獸多犇牛羬羊
有鳥焉其狀如鶉黃身而赤喙其名曰肥遺食之已癘
癘疫病也或曰惡創韓子曰癘人憐主可以殺蟲
又西五十二里曰竹山其上多喬木枝上竦者音橋其陰多鐵有
草焉其名曰黃雚其狀如樗其葉如麻白華而赤實其
狀如赭紫赤色浴之已疥又可以已胕治胕腫也音符竹水出焉
北流注于渭其陽多竹箭箭篠也多蒼玉丹水出焉今所在有
丹水東南流注于洛水其中多水玉多人魚如鯑魚四脚有獸
焉其狀如豚而白毛大如笄而黑端笄簪屬名曰豪彘

也夾髀有麢豪長數尺能以脊上豪射物亦自為牝牡貆或作貑吳楚呼為鸞豬亦此類也

又西百二十里曰浮山多盼木音美目盼兮之盼枳葉而無傷枳刺針也能傷人故名云木蟲居之在樹之中有草焉名曰薰音訓草麻葉而方莖赤華而黑實臭如蘼蕪蘼蕪香草易曰其臭如蘭眉無兩音佩之可以已癘

又西七十里曰羭次之山音臾漆水出焉今漆水出岐山北流注于渭其上多棫橿棫白桵也音域其下多竹箭其陰多赤銅其陽多嬰垣之玉垣或作短或作根或作埋傳寫謬錯未可得詳有獸焉其狀如禺而長臂善投其名曰囂亦在畏獸畫中似獮猴投擲也有鳥焉其狀如梟人面而一足曰橐𩇯音肥冬見夏蟄服之不畏雷著其

毛羽令人不畏天雷也或作宊

又西百五十里曰時山無草木逐或作遂水出焉北流注于渭其中多水玉

又西百七十里曰南山上多丹粟丹水出焉北流注于渭獸多猛豹猛豹似熊而小毛淺有光澤能食蛇食銅鐵出蜀中豹或作虎鳥多尸鳩尸鳩布穀類也或曰鴶鵴也鳩或作丘

又西百八十里曰大時之山上多穀柞柞櫟下多杻橿陰多銀陽多白玉涔水出焉音潛北流注于渭清水出焉南流注于漢水今河內脩武縣縣北黑山亦出清水

又西三百二十里曰嶓冢之山今在武都氏道縣南嶓音波漢水

而東南流注于沔（至江夏安陸縣江即沔水）囂水出焉北流注於水（或作陽）其上多桃枝鉤端（鉤端桃枝屬）獸多犀兕熊羆（羆似熊而黃白色猛憨能拔樹）鳥多白翰赤鷩（白翰白鵫也亦名鵫雉又曰白雉）有草焉其葉如蕙（蕙香草蘭屬也或以蕙為薰葉失之音惠）其本如桔梗（本根也）黑華而不實名曰蓇蓉（爾雅釋草曰榮而不實謂之蓇音骨）食之使人無子

又西三百五十里曰天帝之山上多椶枏下多菅蕙（菅茅類也）有獸焉其狀如狗名曰谿邊（谿或作谷邊或作遺）席其皮者不蠱有鳥焉其狀如鶉黑文而赤翁（翁頭下毛音汲甕之甕）名曰櫟（音沙礫之礫）食之已痔有草焉其狀如葵其臭如蘼蕪名曰杜衡（香草也）可以走馬（帶之令人便馬或曰馬得之而健走）食之已癭

西南三百八十里曰皐塗之山薔音色或作蕢又作萻水出焉西流注于諸資之水塗水出焉南流注于集獲之水其陽多丹粟其陰多銀黃金其上多桂木有白石焉其名曰礜可以毒鼠今礜石殺鼠音豫蠶食之而肥有草焉其狀如槀茇槀茇香草其葉如葵而赤背名曰無條可以毒鼠有獸焉其狀如鹿而白尾馬足人手前兩脚似人手而四角名曰玃如音猳玃之玃有鳥焉其狀如鴟而人足名曰數斯食之已癭或作癇

又西百八十里曰黃山今始平槐里縣有黃山上故有宮漢惠帝所起疑非此無草木多竹箭盼水出焉音美目盼兮之盼西流注于赤水其中多玉有獸焉其狀如牛而蒼黑大目其名曰𤜲音敏有鳥

其狀如鴞青羽赤喙人舌能言名曰鸚䳇鸚䳇舌[illegible]兒舌脚指前後各兩扶南徼外出五色者亦有純赤白者大如鴈也

又西二百里曰翠山其上多椶枏其下多竹箭其陽多黃金玉其陰多旄牛麢麝麢似羊而大角細食好在山崖間麝似麞而小有香其鳥多鸓音壘其狀如鵲赤黑而兩首四足可以禦火

又西二百五十里曰騩山音巍一音隗嚚之隗是錞于西海錞猶堤埻也音章閏反無草木多玉淒水出焉淒或作浽西流注于海其中多采石黃金采石石有彩色者今雌黃空青碌碧之屬多丹粟

凡西經之首自錢來之山至于騩山凡十九山二千九百五十七里華山冢也冢者神鬼之所舍也其祠之禮太牢牛羊豕為

太牢羭山神也祠之用燭或作煬齋百日以百犧牲純色者為犧瘞用百瑜瑜亦美玉名音臾湯或作溫其酒百樽溫酒令熱嬰以百珪百璧嬰謂陳之以環祭也或曰嬰即古罌字謂盂也徐州云穆天子傳曰黄金之嬰之屬也其餘十七山之屬皆毛牷用一羊祠之牷謂牲體全具也左傳曰牲牷肥腯者也燭者百草之未灰白蓆采等純之純緣也五色純之等差其文飾也周禮莞席紛純

西次二經之首曰鈐山音髡鉗之鉗或作冷又作塗其上多銅其下多玉其木多杻橿

西二百里曰泰或作秦冒之山其陽多金其陰多鐵浴水出焉東流注于河其中多藻玉藻玉玉有符彩者或作柬音練多白

水蛇

又西二百七十里曰數歷之山其上多黃金其下多銀其木多杻橿其鳥多鸚䳇楚水出焉而南流注于渭其中多白珠今蜀郡平澤出青珠尸子曰水負折者有珠

又西百五十里曰高山其上多銀其下多青碧碧亦玉類也今越嶲會稽縣東山出碧雄黃晉大興三年高平郡界有山崩其中出數千斤雄黃其木多椶其草多竹涇水出焉音經而東流注于渭今涇水出安定朝那縣西幵頭山至京兆高陵縣入渭也其中多磬石書曰泗濱浮磬是也青碧

西南三百里曰女牀之山其陽多赤銅其陰多石涅即礬石也楚人名為涅石秦名為羽涅也本草經亦名曰石涅也其獸多虎豹犀兕有鳥

焉其狀如翟而五彩文翟似雉而大長尾或作鸐鸐鵰屬也名曰鸞鳥現
則天下安寧舊說鸞似鷄瑞鳥也周成王時西戎獻之
又西二百里曰龍首之山其陽多黃金其陰多鐵若水出焉
而東南流注于涇水其中多美玉
又西二百里曰鹿臺之山今在上郡其上多白玉其下多銀其
獸多㸲牛羬羊白豪豪貆豬也有鳥焉其狀如雄雞而人面
名曰鳧徯其名自叫也見則有兵
西南二百里曰鳥危之山其陽多磬石其陰多檀楮楮即
穀木其中多女牀未詳鳥危之水出焉西流注于赤水其中
多丹粟

又西四百里曰小次之山其上多白玉其下多赤銅焉其狀如猿而白首赤足名曰朱厭見則大兵一作見則有兵起焉一作見則爲兵

又西三百里曰大次之山其陽多堊堊似土色甚白音惡其陰多碧其獸多㸲牛麢羊

又西四百里曰薰吳之山無草木多金玉

又西四百里曰底陽之山其木多稷柟豫章稷似松有刺細理音即豫章大木似秋葉冬夏青生七年而後復可知也其獸多犀兕虎犳㸲牛犳音之藥反

又西二百五十里曰衆獸之山其上多㻬琈之玉其下多檀楮多黃金其獸多犀兕

又西五百里曰皇人之山其上多金玉其下多青雄黃即雌黃也或曰空青曾青之屬皇水出焉西流注于赤水其中多丹粟

又西三百里曰中皇之山其上多黃金其下多蕙棠形棠之屬也蕙或作羔

又西三百五十里曰西皇之山其陽多金其陰多鐵其獸多麋鹿牿牛麋大如小牛鹿屬也

又西三百五十里曰萊山其木多檀楮其鳥多羅羅是食人羅羅之鳥所未詳也

凡西次二經之首自鈐山至于萊山凡十七山四千一百四十里其十神者皆人面而馬身其七神皆人面

身四足而一臂操杖以行是爲飛獸之神其祠之
少牢羊猪爲少牢也白菅爲席其十輩音背神者其祠之毛一雄
鷄鈐而不糈鈐所用祭器名所未詳也或作思訓祈不糈祠不以米毛采言用雄色鷄也
西次三經之首曰崇吾之山在河之南北望冢遂山名南
望䍃之澤音遥西望帝之搏獸之丘搏或作簿東望蠕音於然反淵
有木焉員葉而白柎今江東人呼草木子房爲柎音府一曰柎花下鄂音丈夫字或作跗
音符赤華而黑理其實如枳食之宜子孫有獸焉其狀如
禺而文臂豹虎而善投名曰舉父或作夸父有鳥焉其狀如
鳧而一翼一目相得乃飛名曰蠻蠻比翼鳥也色青赤不比不能飛爾雅
作鶼鶼鳥也見則天下大水

西北三百里曰長沙之山泚水出焉（音紫）北流注于泑水（烏交反又音黝水色黑也）無草木多青雄黃

又西北三百七十里曰不周之山（此山形有缺不周匝處因名云西北不周風自此山出）北望諸毗之山臨彼嶽崇之山東望泑澤河水所潛也其源渾渾泡泡（河南出崑崙潛行地下至葱嶺出于闐國復分流岐出合而東流注泑澤已復潛行南出于積石山而為中國河也名泑澤即蒲澤一名蒲昌海廣三四百里其水停冬夏不增減去王門闗三百餘里即河之重源所謂潛行也渾渾泡泡水濆涌之聲也衮咆兩音）爰有嘉果其實如桃其葉如棗黃華而赤柎食之不勞

又西北四百二十里曰峚（音密）山其上多丹木員葉而赤莖黃華而赤實其味如飴食之不飢丹水出焉西流注于

稷澤后稷神所馮因名云其中多白玉是有玉膏其源沸湯玉膏涌出之貌也河圖玉版曰少室山其上有白玉膏一服即仙矣亦此類也沸音拂黃帝是食是饗所以得登龍於鼎湖而龍蛻也是生玄玉言玉膏中又出黑玉也玉膏所出以灌丹木丹木五歲五色乃清言光鮮也五味乃馨言滋香也黃帝乃取峚山之玉榮謂玉華也離騷曰懷琬琰之華英又曰登崑崙兮食玉英汲冢書所謂苕華之玉而投之鍾山之陽以爲玉種瑾瑜之玉爲良言最善也或作食䰟史兩音堅粟精密說玉理也禮記曰瑱密似粟粟或作栗玉有粟文所謂穀璧也濁澤有而光濁謂潤厚五色發作言符彩牙映色王子靈符應曰赤如鷄冠黃如蒸栗白如割肪黑如醇漆玉之符彩也以和柔剛言玉協九德也天地鬼神是食是饗玉所以祈祭者言能動天地感鬼神君子服之以禦不祥今徼外出金剛石石屬而似金

有光彩可以刻玉外國人帶之云辟惡氣亦此類也自峚山至于鍾山四百六十里其間盡澤也是多奇鳥怪獸奇魚皆異物焉

又西北四百二十里曰鍾山其子曰鼓此亦神名名之爲鍾山之子耳其類皆見歸藏啓筮其狀如人面而龍身啓筮曰麗山之子青羽人面馬身亦似此狀也是與欽䲹音邳殺葆江于崑崙之陽葆或作祖帝乃戮之鍾山之東曰䍃崖音遙欽䲹化爲大鶚鶚鵰屬也音愕其狀如鵰而黑文白首赤喙而虎爪其音如晨鵠晨鵠鶚屬猶云晨鳧耳說苑曰緤吠犬比奉晨鳧也見則有大兵鼓亦化爲鵕鳥音俊其狀如鴟赤足而直喙黃文而白首其音如鵠見即其邑大旱穆天子傳云鍾山作春字音同耳穆王北升此山以望四野曰鍾山是惟天下高山也百獸之所聚飛鳥之栖也爰有赤豹白

青鵰執犬羊食豕鹿穆王五日觀于鍾山乃爲銘迹於縣圃之上以詔後世

又西百八十里曰泰器之山觀水出焉西流注于流沙是多文鰩魚（音遥）狀如鯉魚魚身而鳥翼蒼文而白首赤喙常行西海游於東海以夜飛其音如鸞雞（鸞雞鳥名未詳也或作欒）其味酸甘食之已狂見則天下大穰（豐穰收熟也韓子曰穰歲之秋）

又西三百二十里曰槐江之山丘時之水出焉而北流注于泑水其中多蠃母（即蝶螺也）其上多青雄黃多藏琅玕黃金玉（琅玕石似珠者藏猶隱也郎干兩音）其陽多丹粟其陰多采黃金銀實惟帝之平圃（即玄圃也穆天子傳曰乃爲銘迹於玄圃之上謂刊石紀功德如秦皇漢武之爲者也）神英招司之（司主也音韶）其狀馬身而人面虎文而鳥

翼徇于四海徇謂周行也其音如榴音留或作籀籀所未詳也南望崑崙其光熊熊其氣魂魂皆光氣炎盛相焜燿之皃西望大澤后稷所潛也后稷生而靈知及其終化形遯此澤而爲之神亦猶傅説騎箕尾也其中多玉其陰多榣木之有若榣木大木也言其上復生若木大木之奇靈者爲若見尸子國語曰榣木不生花也北望諸毗山名槐鬼離侖居之離侖其神名鷹鸇之所宅也鸇亦鷂鴟屬也莊周曰鴟鴉甘鼠穆天子傳云鍾山上有白鳥青雕皆此族類也東望恒山四成成亦重也爾雅云再成曰英也有窮鬼居之各在一摶摶猶脅也言群鬼各以類聚處山四脅有窮其總号耳博一作慱爰有淫水其清洛洛水留下之皃也淫音遥也有天神焉其狀如牛而八足二首馬尾其音如勃皇勃皇未詳見則其邑有兵

西南四百里曰崑崙之丘是實惟帝之下都天帝之在下者也穆天子傳曰吉日辛酉天子升于崑崙之丘以觀黃帝之宮而封豐隆之葬以詔後世言增封於崑崙山之上神陸吾司之即肩吾也莊周曰肩吾得之以處大山也其神狀虎身而九尾人面而虎爪是神也司天之九部及帝之囿時主九城之部界天帝苑圃之時節也有獸焉其狀如羊而四角名曰土螻是食人有鳥焉其狀如蜂大如鴛鴦名曰欽原欽或作爰或作至也蠚鳥獸則死蠚木則枯有鳥焉其名曰鶉鳥是司帝之百服服器服也一曰服事也或作藏有木焉其狀如棠棠梨也華黃赤實其味如李而無核名曰沙棠可以禦水食之使人不溺言體浮輕也沙棠為木不可得沉呂氏春秋曰果之美者沙棠之實銘曰安得沙棠刻以為舟汎彼滄海以遨以遊

有草焉名曰薲草（音頻）其狀如葵其味如葱食之已勞（呂氏春秋曰菜之美者崑崙之蘋）河水出焉（出山東北隅也）而南流東注于無達（山名）赤水出焉（出山東南隅也）而東南流注于氾天之水（氾天亦山名赤水所窮也穆天子傳曰遂宿于崑崙之側赤水之陽陽水北也氾浮劒反）洋水出焉（出山西北隅或作清）而西南流注于醜塗之水（醜塗亦山名也皆在南極穆天子傳曰戊辰濟洋水又曰觴天子洋水也）黑水出焉（亦出西北隅也）而西流于大杅（山名也穆天子傳曰乃封長肱于黑水之西河是惟崑崙鴻鷺之上以為周室主杅音于）是多怪鳥獸（謂有一獸九首有一鳥六首之屬也）

又西三百七十里曰樂游之山桃水出焉西流注于稷澤是多白玉其中多鰨魚（音滑）其狀如蛇而四足是食

西水行四百里曰流沙二百里至于蠃母之山神司之是天之九德也（九德之氣所生）其神狀如人而豹尾（之藥反）其山上多玉其下多青石而無水

又西三百五十里曰玉山是西王母所居也（此山多玉石因以名云穆天子傳謂之群玉之山見其山河無險四徹中繩先王之所謂策府寡草木無鳥獸穆王於是攻其玉石取玉石版三乘玉器服物載玉萬隻以歸雙玉爲瑴半瑴爲隻）西王母其狀如人豹尾虎齒而善嘯蓬髮戴勝（蓬頭亂髮勝玉勝也音龐）是司天之厲及五殘（主知災厲五刑殘殺之氣也穆天子傳曰吉日甲子天子賓于西王母執玄圭白璧以見西王母獻錦組百純紺三百純西王母再拜受之乙丑天子觴西王母于瑤池之上西王母爲天子謠曰白雲在天山陵自出道里悠遠山川間之將子無死尚復能來天子答之曰予還東土和理諸夏萬民均平吾顧見汝比及三年將復而

野西王母又爲天子吟曰徂彼西土爰居其所虎豹爲群烏鵲與處嘉命不遷我惟帝女彼何世民又將去子吹笙鼓簧中心翺翔世民之子惟天之望天子遂驅升于奄山乃紀迹于奄山之石而樹之槐眉曰西王母之山奄山即崦嵫山也案竹書穆王五十七年西王母來見賓于昭宮舜時西王母遣使獻玉環見禮三朝

有獸焉其狀如犬而豹文其角如牛或作羊其名曰狡其音如吠犬見則其國大穰晉太康七年邵陵扶夷縣檻得一獸狀如豹文有兩角無前兩脚時人謂之狡疑非此有鳥焉其狀如翟而赤名曰胜遇音姓是食魚其音如錄音錄義未詳見則其國大水

又西四百八十里曰軒轅之丘無草木黃帝居此丘娶西陵氏女因號軒轅丘洵水出焉音詢南流注于黑水其中多丹粟多青雄黃

又西三百里曰積石之山其下有石門河水冒以西流冒猶

覆也積石山今在金城河門關西南羌中河水行塞外東入塞內是山也萬物無不有焉水經引山海經云積石山在鄧林山東河所入也

又西二百里曰長留之山其神白帝少昊居之少昊金天氏帝摯之號也其獸皆文尾或作長其鳥皆文首文或作長是多文玉石實惟員神磈氏之宮音隗是神也主司反景日西入則景反東照主司察之

又西二百八十里曰章莪之山無草木多瑤碧碧亦玉屬所爲甚怪多有非常之物有獸焉其狀如赤豹五尾一角其音如擊石其名曰猙京氏易義曰音如石相擊音靜也有鳥焉其狀如鶴一足赤文青質而白喙名曰畢方其鳴自叫也見則其邑有譌火譌亦妖訛字

又西三百里曰陰山濁浴之水出焉而南流注于蕃澤其中多文貝餘泉蚳之類也見爾雅有獸焉其狀如狸或作豹而白首名曰天狗其音如榴榴或作貓貓可以禦凶

又西二百里曰符惕之山音陽其上多椶枏下多金玉神江疑居之是山也多怪雨風雲之所出也

又西二百二十里曰三危之山今在燉煌郡尚書云竄三苗于三危是也三青鳥居之是山也廣員百里三青鳥主為西王母取食者別自棲息於此山也竹書曰穆王西征至于青鳥所解也其上有獸焉其狀如牛白身四角其毫如披蓑蓑辟雨草衣也音催其名曰傲徆傲噎兩音是食人有鳥焉一首而三身其狀如鸈其名曰鴟鸈似鵰黑文赤頸音洛下句或云扶狩則

（死扶木則枯應在上欽原下脫錯在此耳）

又西二百九十里曰騩山其上多玉而無石神耆童居之（耆童老童顓頊之子）其音常如鍾磬其下多積蛇

又西三百五十里曰天山多金玉有青雄黄英水出焉而西南流注于湯谷有神焉其狀如黄囊赤如丹火（體色黄而精光赤也）六足四翼渾敦無面目是識歌舞實惟帝江也（夫形體全者則神自然靈照精無見者則闇與理會其帝江之謂乎莊生所云中央之帝混沌爲儵忽所鑿七竅而死者蓋假此以寓言也）

又西二百九十里曰泑山（泑音黝黑之黝）神蓐收居之（亦金神也人面虎爪白尾執鉞見外傳云）其上多嬰短之玉（未詳）其陽多瑾瑜之玉其陰

多青雄黄是山也西望日之所入其氣員日形員故其氣象亦然也神紅光之所司也未聞其狀

西水行百里至于翼望之山或作土翠山無草木多金玉有獸焉其狀如貍一目而三尾名曰讙讙音歡或作原其音如奪百聲言其能作百種物聲也或曰奪百物名亦所未詳是可以禦凶服之已癉黄癉病也音旦有鳥焉其狀如烏三首六尾而善笑名曰鵸鵌猗餘兩音服之使人不厭不厭夢也周書曰服者不眯音莫禮反或曰眯眯目也又可以禦凶

凡西次三經之首崇吾之山至于翼望之山凡二十三山六千七百四十四里其神狀皆羊身人面其祠之

用一吉玉瘞（玉加彩色者也尸子曰吉玉大龜）糈用稷米

西次四經之首曰陰山上多穀無石其草多茆蕃（茆鳧葵也蕃青蕃似莎而大茆頰兩音）陰水出焉西流注于洛

北五十里曰勞山多茈草（一名茈䓞中染紫也）弱水出焉而西流注于洛

西五十里曰罷父之山洱水出焉（音耳）而西流注于洛其中多茈碧

北百七十里曰申山其上多穀柞其下多杻橿其陽多金玉區水出焉而東流注于河

北二百里曰鳥山其上多桑其下多楮其陰多鐵其陽

多玉辱水出焉而東流注于河

又北百二十里曰上申之山上無草木而多硌石（硌磊硌大石貌也音洛）下多榛楛（榛子似栗而小味美楛木可以爲箭詩云榛楛濟濟臻怙兩音）獸多白鹿其鳥多當扈（或作户）其狀如雉以其髯飛（髯咽下須毛也）食之不眴目（音眩）湯水出焉東流注于河

又北百八十里曰諸次之山諸次之水出焉而東流注于河是山也多木無草鳥獸莫居是多衆蛇

又北百八十里曰號山其木多漆椶（漆樹似樗也）其草多葯虈芎藭（葯白芷別名虈香草也芎藭一名江蘺葯音烏較反）多汵石（汵或音金未詳）端水出焉而東流注于河

又北二百二十里曰盂山（音于）其陰多鐵其陽多銅其獸多白狼白虎（外傳曰周穆王伐犬戎得四白狼白虎虎名䖘𧈝）其鳥多白雉白翟（或作白澤）生水出焉而東流注于河

西二百五十里曰白於之山上多松栢下多櫟檀（櫟即柞）其獸多柞牛羬羊其鳥多鴞（鴞似鳩而青色）洛水出于其陽而東流注于渭夾水出于其陰東流注于生水

西北三百里曰申首之山無草木冬夏有雪申水出于其上潛于其下是多白玉

又西五十五里曰涇谷之山（或無之山二字）涇水出焉（或以此爲今涇水未詳）東南流注于渭是多白金白玉

又西百二十里曰剛山多柒木多㻬琈之玉剛水出焉北

流注于渭是多神䰠(䰠亦魑魅之類也音恥回反或作䰠)其狀人面獸身

一足一手其音如欽(欽亦吟字假音)

又西二百里至剛山之尾洛水出焉而北流注于河其中

多蠻蠻其狀鼠身而鼈首其音如吠犬

又西三百五十里曰英鞮之山上多漆木下多金玉鳥獸

盡白涴水出焉(涴或作溾音冤枉之冤)而北注于陵羊之澤是多

冉遺之魚魚身蛇首六足其目如馬耳食之使人不眯

可以禦凶

又西三百里曰中曲之山其陽多玉其陰多雄黃白玉及

金有獸焉其狀如馬而白身黑尾一角虎牙爪音如鼓
音其名曰駮是食虎豹爾雅說駮不道有角及虎爪駮亦在畏獸畫中可以禦
兵養之辟兵刃也有木焉其狀如棠而員葉赤實實大如木瓜
木瓜如小瓜名曰櫰木音懷食之多力尸子曰木食之人多為仁者名為若木此
之類
又西二百六十里曰邽山音圭其上有獸焉其狀如牛蝟毛
名曰窮奇音如獋狗是食人或云似虎蝟毛有翼銘曰窮奇之獸厥形甚醜馳逐
妖邪莫不奔走是以一名号曰神狗濛水出焉音蒙南流注于洋水其中多
黃貝貝甲蟲肉如科斗但有頭尾耳蠃魚音螺魚身而鳥翼音如鴛鴦見
則其邑大水

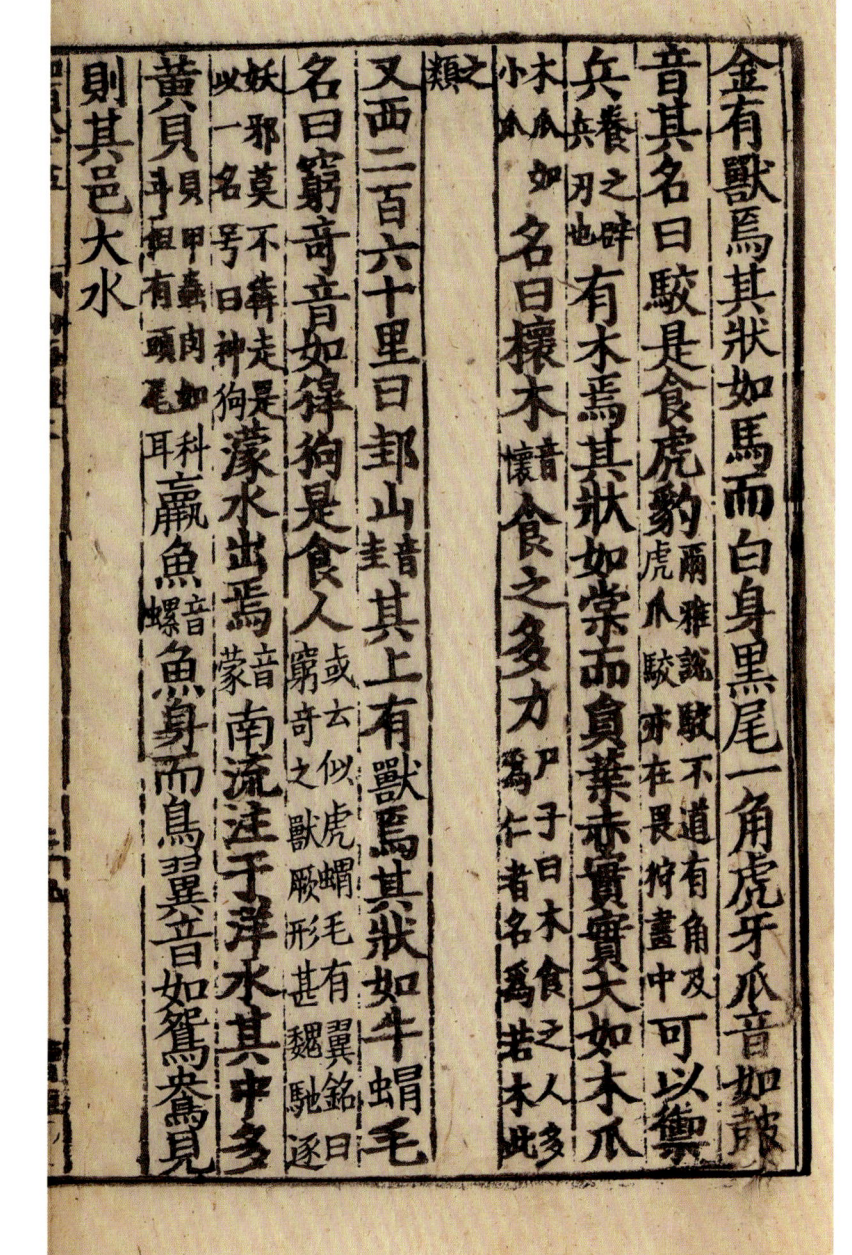

又西二百二十里曰鳥鼠同穴之山今在隴西首陽縣西南山有鳥鼠同穴鳥名曰鵌鼠名曰鼵鼵如人家鼠而短尾鵌似燕而黃色穿地入數尺鼠在內鳥在外而共處孔氏尚書傳曰共爲雌雄張氏地理記云不爲牝牡也其上多白虎白玉渭水出焉而東流注于河出山東至弘農華陰縣入河其中多鰠魚音騷其狀如鱣魚鱣魚大魚也口在頷下體有連甲也或作鮎鯉動則其邑有大兵或脫無從動則以下語者濫水出于其西音檻西流注于漢水多鴽魮之魚如毗兩音其狀如覆銚鳥首而魚翼魚尾音如磬石之聲是生珠玉亦珠母蚌類而能生出之

西南三百六十里曰崦嵫之山日沒所入山也見離騷奄茲兩音其上多丹木其葉如穀其實大如瓜赤符而黑理食之已癉

可以禦火其陽多龜其陰多玉苕（或作若）水出焉而西流

注于海（禹大傳曰洧盤之水出崦嵫山）其中多砥礪（磨石也精爲砥麤爲礪也）有獸

焉其狀馬身而鳥翼人面蛇尾是好舉人（喜抱舉人）名曰孰

湖有鳥焉其狀如鴞而人面蜼身犬尾（蜼獼猴屬也音贈遺之遺一音

誅見中山經尾或作皆）其名自號也（或作設設亦呼耳疑此脫誤）見則其邑大

旱

凡西次四經自陰山以下至于崦嵫之山凡十九山三

千六百八十里其祠祀禮皆用一白鷄祈糈以稻米白

菅爲席

右西經之山凡七十七山一萬七千五百一十七里

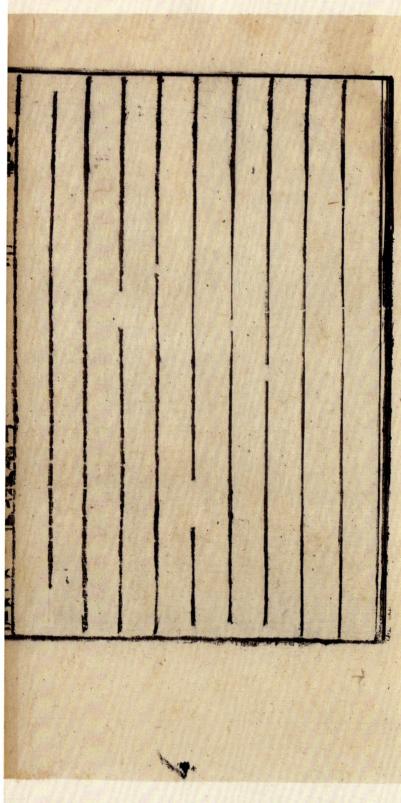

北山經第三　郭氏傳

北山經之首曰單狐之山多机木机木似榆可燒以糞稻田出蜀中音飢其上多華草逢水出焉逢音逢而西流注于泑水其中多茈石文石

又北二百五十里曰求如之山其上多銅其下多玉無草木滑水出焉而西流注于諸毗之水水出諸毗山也其中多滑魚其狀如鱓赤背鱓魚似蛇音善其音如梧如人相枝梧聲音吾子之吾食之已疣疣贅也其中多水馬其狀如馬文臂牛尾臂前脚也周禮曰馬黑脊而班臂膢漢武元狩四年燉煌渥洼水出馬以爲靈瑞者即此類也其音如呼如人叫呼

又北三百里曰帶山其上多玉其下多青碧有獸焉其狀如馬一角有錯(言角有甲錯也或作厝)其名曰䑏疏(歡音)可以辟火有鳥焉其狀如烏五彩而赤文名曰鵸鵌(上已有此鳥疑同名)是自為牝牡食之不疽(無癰疽病也)彭水出焉而西流注于芘湖之水其中多儵魚(音由)其狀如雞而赤毛三尾六足四首其音如鵲食之可以已憂

又北四百里曰譙明之山譙水出焉西流注于河其中多何羅之魚一首而十身其音如吠犬食之已癰有獸焉其狀如貆而赤豪(貆豪豬也音丸)其音如榴榴名曰孟槐可以禦凶(辟凶邪氣也亦在畏獸畫中也)是山也無草木多青雄黃(一作

又北三百五十里曰涿光之山囂水出焉而西流注
河其中多鰼鰼之魚（音袴褶之褶）其狀如鵲而十翼鱗皆在
羽端其音如鵲可以禦火食之不癉其上多松栢其下
多椶橿其獸多麢羊其鳥多蕃（未詳或云即鴞音煩）
又北三百八十里曰虢山其上多漆其下多桐椐（桐梧桐也
椐樻木腫節中杖椐音袪）其陽多玉其陰多鐵伊水出焉西流注於
河其獸多橐駞（有肉鞍善行流沙中日行三百里其負千斤知水泉所在也）其鳥多
寓狀如鼠而鳥翼其音如羊可以禦兵
又北四百里至于虢山之尾其上多玉而無石魚水出
焉西流注于河其中多文貝

又北二百里曰丹熏之山其上多樗柏其草多韭薤䪥山菜爾雅有其名多丹雘熏水出焉而西流注于棠水有獸焉其狀如鼠而菟首麋身其音如獋犬以其尾飛或作髯飛獋音豪名曰耳鼠食之不腜腜大腹也見埤倉音采也又可以禦百毒

又北二百八十里曰石者之山其上無草木多瑤碧泚水出焉西流注于河有獸焉其狀如豹而文題白身題額也名曰孟極是善伏其鳴自呼

又北百一十里曰邊春之山或作春山多葱葵韭山葱名茖大葉桃李山桃榹桃子小不解核也杠水出焉而西流注于泑澤有獸焉其狀如禺而文身善笑見人則臥言佯眠也名曰幽鴳或作嬻嫸鴳音

遏其鳴自呼
又北二百里曰蔓聯之山蔓連二音其上無草木有獸焉其
狀如禺而有鬣牛尾文臂馬蹄見人則呼名曰足訾其
鳴自呼有鳥焉羣居而朋飛朋猶輩也其毛如雌雉名曰䴔
交音或作渴也其鳴自呼食之已風
又北百八十里曰單張之山其上無草木有獸焉其狀如
豹而長尾人首而牛耳一目名曰諸犍音如犍牛之犍善吒行
則銜其尾居則蟠其尾有鳥焉其狀如雉而文首白翼黃
足名曰白鵺音夜食之已嗌痛嗌咽也穀梁傳曰嗌不容粒今吳人呼咽為嗌音隘
可以已痸痸癡病也櫟水出焉而南流注于杠水

又北三百二十里曰灌題之山其上多樗柘其下多流沙多砥有獸焉其狀如牛而白尾其音如訆如人呼喚訆音叫名曰那父有鳥焉其狀如雌雉而人面見人則躍躍跳名曰竦斯其鳴自呼也匠韓之水出焉而西流注于泑澤其中多磁石可以取鐵管子曰山上有磁石者下必有銅音慈

又北二百里曰潘侯之山其上多松栢其下多榛楛其陽多玉其陰多鐵有獸焉其狀如牛而四節生毛名曰旄牛今旄牛背膝及胡尾皆有長毛邊水出焉而南流注于櫟澤

又北二百三十里曰小咸之山無草木冬夏有雪

北二百八十里曰大咸之山無草木其下多玉是山也

四方不可以上有蛇名曰長蛇其毛如彘豪說者百尋今蝮蛇色似艾綬文文間有毛如猪鬐此其類也常山亦有長蛇與此形不同其音如鼓柝如人行夜敲木柝摩音託

又北三百二十里曰敦薨之山其上多椶柟其下多茈草敦薨之水出焉而西流注于泑澤出于崑崙之東北隅實惟河源即河水出崑崙之虛其中多赤鮭今名鯸鮐為鮭魚音圭其獸多兕旄牛或作撲牛撲牛見離騷天問所未詳其鳥多尸鳩

又北二百里曰少咸之山無草木多青碧有獸焉其狀如牛而赤身人面馬足名曰窫窳爾雅云窫窳似貙虎爪與此錯軋愈二音其音如嬰兒是食人敦水出焉東流注于鴈門之水水出鴈門

山間其中多鯞鯞之魚(音沛未詳 或作鯆)食之殺人
又北二百里曰獄法之山瀤澤之水出焉(音懷)而東北流注
于泰澤其中多鱳魚(音藻)其狀如鯉而雞足食之已疣有
獸焉其狀如犬而人面善投見人則笑其名山𤟤(音暉)其
行如風(言疾)見則天下大風
又北二百里曰北嶽之山多枳棘剛木(檀柘之屬)有獸焉其狀
如牛而四角人目彘耳其名曰諸懷其音如鳴鴈是食人
諸懷之水出焉而西流注于囂水其中多鮨魚(音詣)魚身
而犬首其音如嬰兒(今海中有虎鹿魚及海狶體皆如魚而頭似虎鹿猪此其類也)食
之已狂

又北百八十里曰渾夕之山無草木多銅玉嚻水出西北流注于海有蛇一首兩身名曰肥遺見則其國大旱管子曰涸水之精名曰蟡一頭而兩身其狀如蛇長八尺以其名呼之可使取魚龜亦此類

又北五十里曰北單之山無草木多葱韭

又北百里曰羆差之山無草木多馬野馬也似馬而小

又北百八十里曰北鮮之山是多馬鮮水出焉而西北流注于涂吾之水漢元狩二年馬出涂吾水中也

又北百七十里曰隄山或作院古字耳多馬有獸焉其狀如豹而文首名曰狕音幺隄水出焉而東流注于泰澤其中多龍龜

凡北山經之首自單狐之山至于隄山凡二十五山五千四百九十里其神皆人面蛇身其祠之毛用一雄鷄彘瘞吉玉用一珪瘞而不糈(言祭不用米皆埋其所用牲玉)其山北人皆生食不火之物(或作皆生食而不火)

北次二經之首在河之東其首枕汾(臨汾水上也音墳)其名曰管涔之山(今在太原郡故汾陽縣北秀容山涔音岑)其上無木而多草其下多玉汾水出焉而西流注于河(至汾陽縣北西入河)

又北二百五十里曰少陽之山其上多玉其下多赤銀(銀之精也)酸水出焉而東流注于汾水其中多美赭(管子曰山上有赭者其下有鐵)

又北五十里曰縣雍之山今在晉陽縣西名汲甕雍音甕其上多玉其下
多銅其獸多閭麋閭即羭也似驢而歧蹄角如麢羊一名山驢周書曰北唐以閭亦見鄉射
禮其鳥多白翟白䳭即白鵫也音于六反晉水出焉而東南流注
于汾水東過晉陽南又東入汾其中多鮆魚其狀如儵而赤鱗小魚曰
儵其音如叱食之不驕或作騷騷臭也

又北二百里曰狐歧之山無草木多青碧勝水出焉而東
北流注于汾水其中多蒼玉

又北三百五十里曰白沙山廣員三百里盡沙也無草木
鳥獸鮪水出于其上潛于其下出山之頂停其底也是多白玉

又北四百里曰爾是之山無草木無水

又北三百八十里曰狂山無草木是山也冬夏有雪狂水出焉而西流注于浮水其中多美玉

又北三百八十里曰諸餘之山其上多銅玉其下多松柏諸餘之水出焉而東流注于旄水

又北三百五十里曰敦頭之山其上多金玉無草木旄水出焉而東流注于印澤其中多䮝馬音勃牛尾而白身一角其音如呼

又北三百五十里曰鉤吾之山其上多玉其下多銅有獸焉其狀如羊身人面其目在腋下虎齒人爪其音如嬰兒名曰狍鴞是食人為物貪惏食人未盡還害其身像在夏鼎左傳所謂饕餮是也

咆

又北三百里曰北嚻之山無石其陽多碧其陰多玉有獸焉其狀如虎而白身犬首馬尾彘鬣名曰獨狢（音谷）有鳥焉其狀如烏人面名曰鷲鶥（般冒兩音或作夏也）宵飛而晝伏（鵂鶹之屬）食之已暍（中熱也音謁） 涔水出焉而東流注于邛澤

又北三百五十里曰梁渠之山無草木多金玉脩水出焉而東流注于鴈門（水名）其獸多居暨其狀如彙而赤毛（彙似鼠赤毛如剌蝟也彙音渭）其音如豚有鳥焉其狀如夸父（或作舉父）四翼一目犬尾名曰囂其音如鵲食之已腹痛可以止衕（治洞下也音洞）

又北四百里曰姑灌之山無草木是山也冬夏有雪
又北三百八十里曰湖灌之山其陽多玉其陰多碧多馬
湖灌之水出焉而東流注于海其中多䱻（亦鱓魚字）有木焉
其葉如柳而赤理
又北水行五百里流沙三百里至于洹山其上多金玉三
桑生之其樹皆無枝其高百仞百果樹生之其下多怪
蛇
又北三百里曰敦題之山無草木多金玉是錞于北海
凡北次二經之首自管涔之山至于敦題之山凡十七
山五千六百九十里其神皆蛇身人面其祠毛用一雄

雜繒瘞埋之用一璧一珪投而不糈擿王於山中禮神不埋之也

北次三經之首曰太行之山今在河内野王縣西北行音户剛反其首曰歸山其上有金玉其下有碧有獸焉其狀如麢羊而四角馬尾而有距其名曰驒善還還旋旋儛也驒音暉其鳴自訆有鳥焉其狀如鵲白身赤尾六足其名曰鶌音犇是善驚其鳴自詨今吴人謂呼為詨音呼交反

又東北二百里曰龍侯之山無草木多金玉決決之水出焉音訣而東流注于河其中多人魚其狀如鯑魚四足其音如嬰兒鯑見山中經或曰人魚即鯢也似鮎而四脚聲如小兒啼今亦呼鮎為鯑音蹄食之無癡疾

又東北二百里曰馬成之山其上多文石其陰多金玉有獸焉其狀如白犬而黑頭見人則飛（言肉翅飛行自在）其名曰天馬其鳴自訆有鳥焉其狀如烏首白而身青足黃是名曰鶌鶋（屈居二音鶋或作鳴）其鳴自詨食之不飢可以已寓（未詳或曰寓猶誤也）

又東北七十里曰咸山其上有玉其下多銅是多松柏草多茈草條菅之水出焉（菅音間）而西南流注于長澤其中多器酸三歲一成（所未詳也）食之已癘

又東北二百里曰天池之山其上無草木多文石有獸焉其狀如兎而鼠首以其背飛（用其背上毛飛飛則仰也）其名曰飛鼠

滱水出焉潛于其下(停山底也)其中多黄堊(堊土也)
又東三百里曰陽山其上多玉其下多金銅有獸焉其狀
如牛而赤尾其頸腎(言頸上有肉腎)其狀如勾瞿(勾瞿斗也音劬)其名
曰領胡其鳴自詨食之已狂有鳥焉其狀如雌雉而五
彩以文是自爲牝牡名曰象蛇其鳴自詨留水出焉而
南流注于河其中有䱻父之魚(音陷)其狀如鮒魚魚首而
彘身食之已嘔

又東三百五十里曰賁聞之山其上多蒼玉其下多黄堊
多涅石

又北百里曰王屋之山(今在河東東垣縣北書曰至于王屋也)是多石𣶏水出

焉（羣音輦）而西北流注于泰澤（地理志王屋山沇水所出㶟沇聲相近殆一水耳沇則濟也）

又東北三百里曰教山其上多玉而無石教水出焉西流注于河是水冬乾而夏流實惟乾河（今河東聞喜縣東北有乾河口因名乾河里但有故溝處無復水即是也）其中有兩山是山也廣員三百步其名曰發九之山其上有金玉

又南三百里曰景山（外傳曰景霍以爲城）南望鹽販之澤（即鹽池也今在河東猗氏縣或無販字）北望少澤其上多草藷藇（根似羊蹄可食曙豫二音今江南單呼爲藷音儲語有輕重耳）其草多秦椒（子似椒而細葉草也）其陰多赭其陽多玉有鳥焉其狀如蛇而四翼六目三足名曰酸與其鳴自詨見則其邑有恐（或曰食之不醉）

又東南三百二十里曰孟門之山尸子曰龍門未闢未鑿河出於孟門之上大溢逆流無有丘陵高阜滅之名曰洪水穆天子傳曰北升孟門九河之隥其上多蒼玉多金其下多黃堊多涅石

又東南三百二十里曰平山平水出于其上潛于其下是多美玉

又東三百里曰京山有美玉多漆木多竹其陽有赤銅其陰有玄䃤黑砥石也尸子曰加玄黃砥明色非一也䃤音竹篠之篠高水出焉南流注于河

又東二百里曰虫尾之山其上多金玉其下多竹多青碧丹水出焉南流注于河薄水出焉淮南子曰薄水出鮮于山而東南

流注于黄澤

又東三百里曰彭毗之山其上無草木多金玉其下多水蚤林之水出焉（音旱）東南流注于河肥水出焉而南流注于牀水其中多肥遺之蛇

又東百八十里曰小侯之山明漳之水出焉南流注于黄澤有鳥焉其狀如烏而白文名曰鴣鸐（姑習二音）食之不灂（不噍目也或作瞧音醮）

又東三百七十里曰泰頭之山共水出焉（音恭）南注于虖池（呼佗二音下同）其上多金玉其下多竹箭

又東北二百里曰軒轅之山其上多銅其下多竹有鳥焉

其狀如梟而白首其名曰黃鳥其鳴自詨食之不妒又北二百里曰謁戾之山今在上黨郡涅縣其上多松栢有金玉沁水出焉南流注于河至滎陽縣東北入河或出穀遠縣羊頭山也其東有林焉名曰丹林丹林之水出焉南流注于河嬰侯之水出焉北流注于氾水

東三百里曰沮洳之山詩云彼汾沮洳無草木有金玉濝水出焉音其南流注于河今濝水出汲郡隆慮縣大號山東過河內縣南為白溝

又北三百里曰神囷之山音如倉囷之囷其上有文石其下有白蛇有飛蟲黃水出焉而東流注于洹洹水出汲郡林慮縣東北至魏郡長樂入清水洹音丸滏水出焉而東流注于歐水滏水今出臨水縣西釜口山經

鄴西北至列人縣入于漳其水熱

又北二百里曰發鳩之山今在上黨郡長子縣西其上多柘木有鳥焉其狀如烏文首白喙赤足名曰精衛其鳴自詨是炎帝之少女名曰女娃炎帝神農也娃惡佳反語誤或作階女娃遊于東海溺而不返故爲精衛常銜西山之木石以堙于東海堙塞也音因漳水出焉濁漳音章東流注于河或曰出長子縣鹿谷山而東至鄴入清漳

又東北百二十里曰少山今在樂平郡沾縣沾縣故屬上黨其上有金玉其下有銅清漳之水出焉東流于濁漳之水清漳出少山大繩谷至武安縣南暴宮邑入于濁漳或曰東北至邑城入于大河也

又東北二百里曰錫山其上多玉其下有砥牛首之水出

焉而東流注于滏水

又北二百里曰景山有美玉景水出焉東南流注于海澤

又北百里曰題首之山有玉焉多石無水

又北百里曰繡山其上有玉青碧其木多栒木中杖也音荀其草多芍藥芎藭芍藥一名辛夷亦香草屬洧水出焉而東流注于河其中有鱯鱯似鮎而大白色也黽鼃黽似蝦蟇小而青或曰鱯黽一物名耳

又北百二十里曰松山陽水出焉東北流注于河

又北百二十里曰敦與之山其上無草木有金玉溹水出于其陽音悉各反而東流注于泰陸之水大陸水今鉅鹿北廣平澤即其水泜水出于其陰音抵肆也而東流注于彭水今泜水出中丘縣西窮泉谷東

（陘于堂陽縣入于漳水）槐水出焉而東流注于泜澤

又北百七十里曰柘山其陽有金玉其陰有鐵歷聚之水出焉而北流注于洧水

又北三百里曰維龍之山其上有碧玉其陽有金其陰有鐵肥水出焉而東流注于皋澤其中有礨石（未詳也音雷或作壘礨大石皃或曰石名）敞鐵之水出焉而北流注于大澤

又北百八十里曰白馬之山其陽多石玉其陰多鐵多赤銅木馬之水出焉而東北流注于虖池（呼佗二音）

又北二百里曰空桑之山無草木（上已有此山疑同名也）冬夏有雪空桑之水出焉東注于虖池

又北三百里曰泰戲之山無草木多金玉有獸焉其狀如羊一角一目目在耳後其名曰辣辣（音屋棟之棟）其鳴自訆虖池之水出焉（今虖池水出鴈門鹵城縣南武夫山）而東流注于漊水（音樓）液女之水出于其陽南流注于沁水（液音悦懌之懌）

又北三百里曰石山多藏金玉濩濩之水出焉（濩音尺蠖之蠖）而東流注于虖池鮮于之水出焉而南流注于虖池

又北二百里曰童戎之山皋涂之水出焉而東流注于漊液水

又北三百里曰高是之山（今在北地靈丘縣）滋水出焉（音慈）而南流注于虖池其木多椶其草多條滱水出焉（音寇）東流注于

河過博陵縣南又東北入于易水

又北三百里曰陸山多美玉鄴水出焉鄴或作郯水而東流注于河

又北二百里曰沂山音祈般水出焉音盤而東流注于河

北百二十里曰燕山多嬰石言石似玉有符彩嬰帶所謂燕石者燕水出焉東流注于河

又北山行五百里水行五百里至于饒山是無草木多瑤碧其獸多橐駝其鳥多鶹未詳或曰鶹鵂鶹也歷虢之水出焉而東流注于河其中有師魚食之殺人未詳或作鯢

又北四百里曰乾山無草木其陽有金玉其陰有鐵而無

水有獸焉其狀如牛而三足其名曰獂音元其鳴自詨

又北五百里曰倫山倫水出焉而東流注于河有獸焉其狀如麋其川在尾上川竅也其名曰羆

又北五百里曰碣石之山水經曰碣石山今在遼西臨渝縣南水中或曰在右北平驪城縣海邊山繩水出焉而東流注于河其中多蒲夷之魚未詳其上有玉其下多青碧

又北水行五百里至于鴈門之山無草木鴈門山即北陵西隃鴈之所出因以名云在高柳北

又北水行四百里至于泰澤其中有山焉曰帝都之山廣員百里無草木有玉金

又北五百里曰錞于毋逢之山北望雞號之山其風如飇飇急風皃也音戾或云飄風也西望幽都之山浴水出焉浴即黑水也是有大蛇赤首白身其音如牛見則其邑大旱

凡北次三經之首自太行之山以至于無逢之山凡四十六山萬二千三百五十里其神狀皆馬身而人面者廿神其祠之皆用一藻茝瘞之藻聚藻茝香草蘭之類音昌代反其十四神狀皆彘身而載玉其祠之皆玉不瘞不埋所用玉也其十神狀皆彘身而八足蛇尾其祠之皆用一璧瘞之大凡四十四神皆用稌糈米祠之此皆不火食

右北經之山志凡八十七山二萬三千二百三十里

東山經第四　郭氏傳

東山經之首曰樕螽之山速株二音北臨乾昧亦山名也音妹食水出焉而東北流注于海其中多鱅鱅之魚音容其狀如犂牛牛似虎文者其音如彘鳴

又南三百里曰藟山音誄其上有玉其下有金湖水出焉東流注于食水其中多活師科斗也爾雅謂之活東

又南三百里曰栒狀之山其上多金玉其下多青碧石有獸焉其狀如犬六足其名曰從從其鳴自詨有鳥焉其狀如雞而鼠毛其名曰蚩鼠音咨見則其邑大旱沢水出焉音枳而北流注于湖水其中多箴魚其狀如儵其喙如

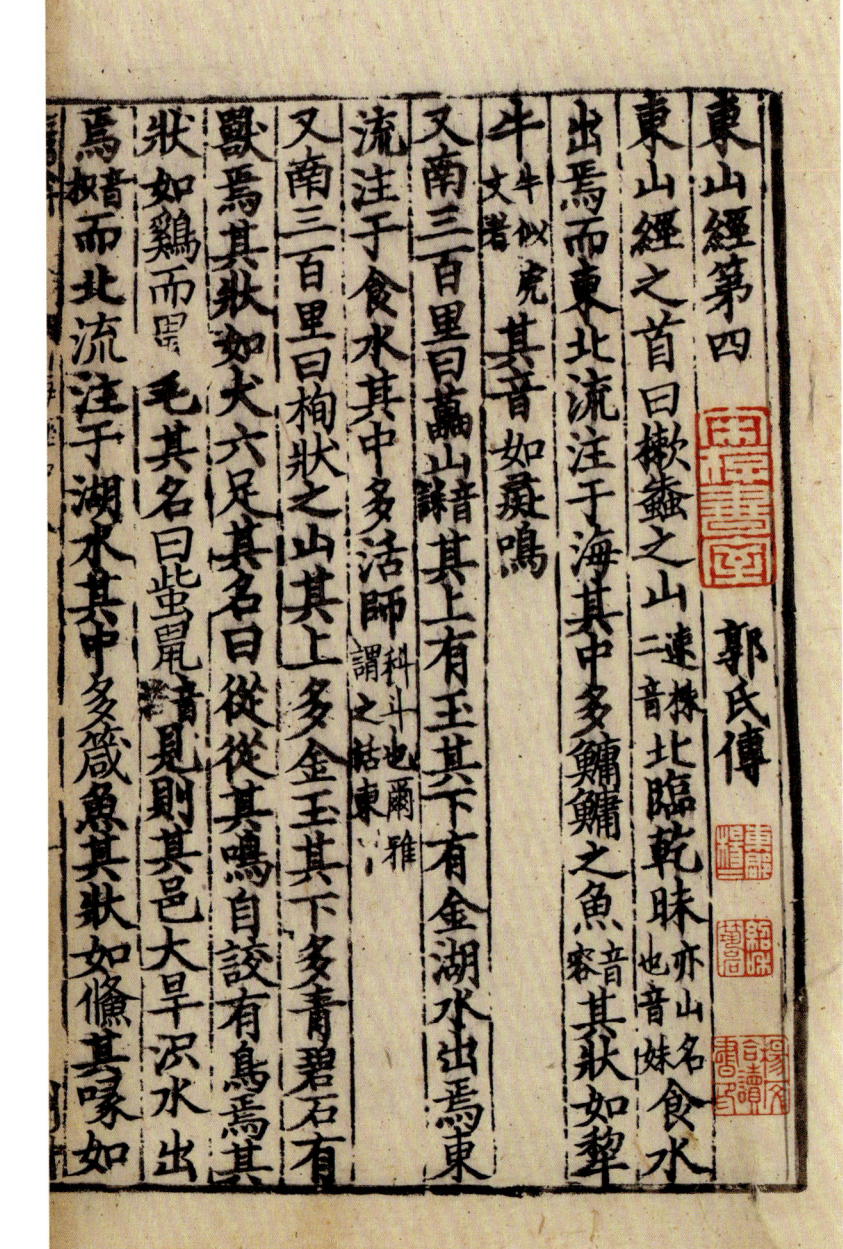

箴（出東海今江東水中亦有之）食之無疫疾

又南三百里曰勃亝之山無草木無水

又南三百里曰番條之山無草木多沙減水出焉（音同減損之減）北流注于海其中多鱤魚（一名黃頰音感）

又南四百里曰姑兒之山其上多漆其下多桑柘姑兒之水出焉北流注于海其中多鱤魚

又南四百里曰高氏之山其上多玉其下多箴石（可以為砭針治癰腫者）諸繩之水出焉東流注于澤其中多金玉

又南三百里曰獄山其上多桑其下多樗澡水出焉（音藻）東流注于澤其中多金玉

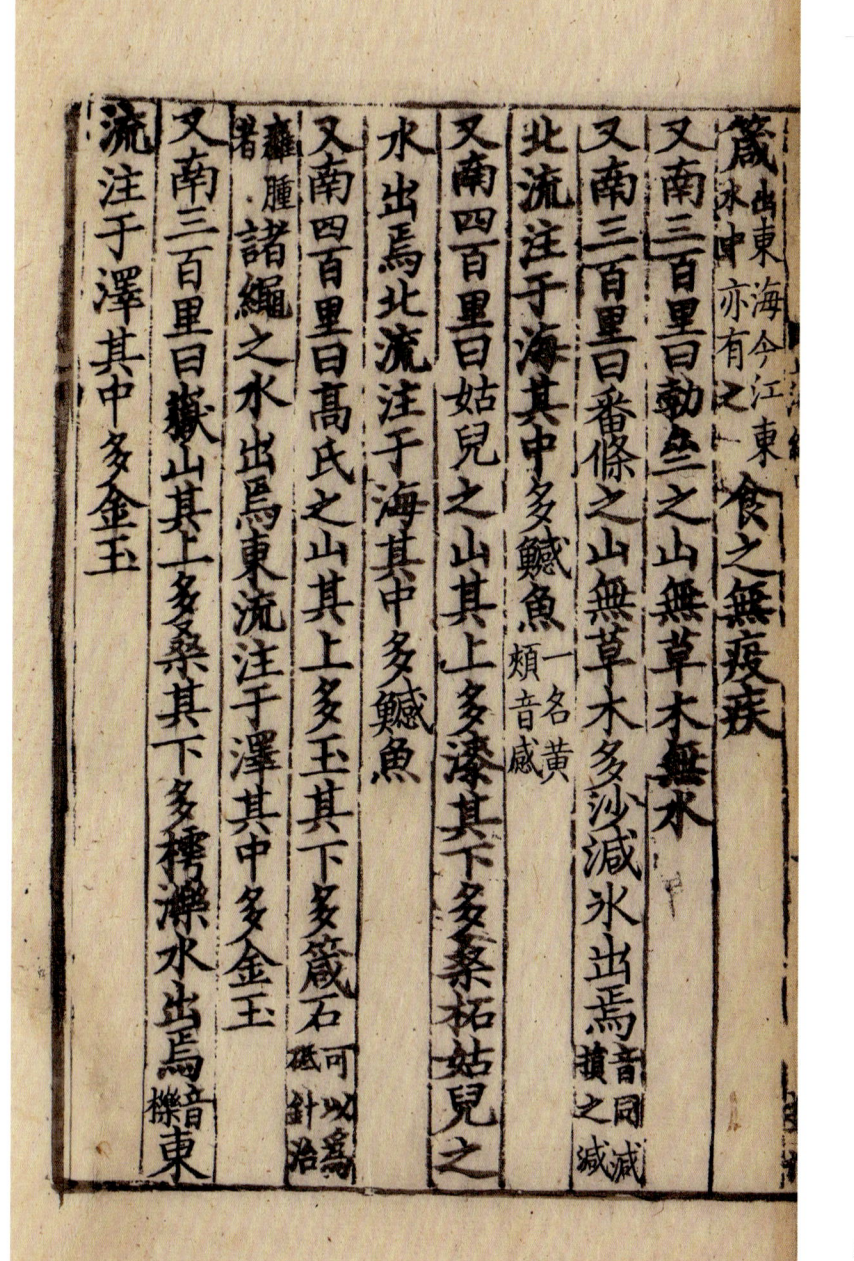

又南三百里曰犲山其上無草木其下多水其中多堪孖

之魚（音序未詳）有獸焉其狀如夸父而彘毛其音如呼見則

天下大水

又南三百里曰獨山其上多金玉其下多美石末塗之水

出焉而東南流注于沔其中多偹鳙（偹容二音）其狀如黃蛇

魚翼出入有光見則其邑大旱

又南三百里曰泰山（即東嶽岱宗也今在泰山奉高縣西北從山下至頂四十八里三百步也）

其上多玉其下多金有獸焉其狀如豚而有珠名曰狪

狪（音如吟狪之狪）其鳴自訆環水出焉東流注于江（一作海）其中

多水玉

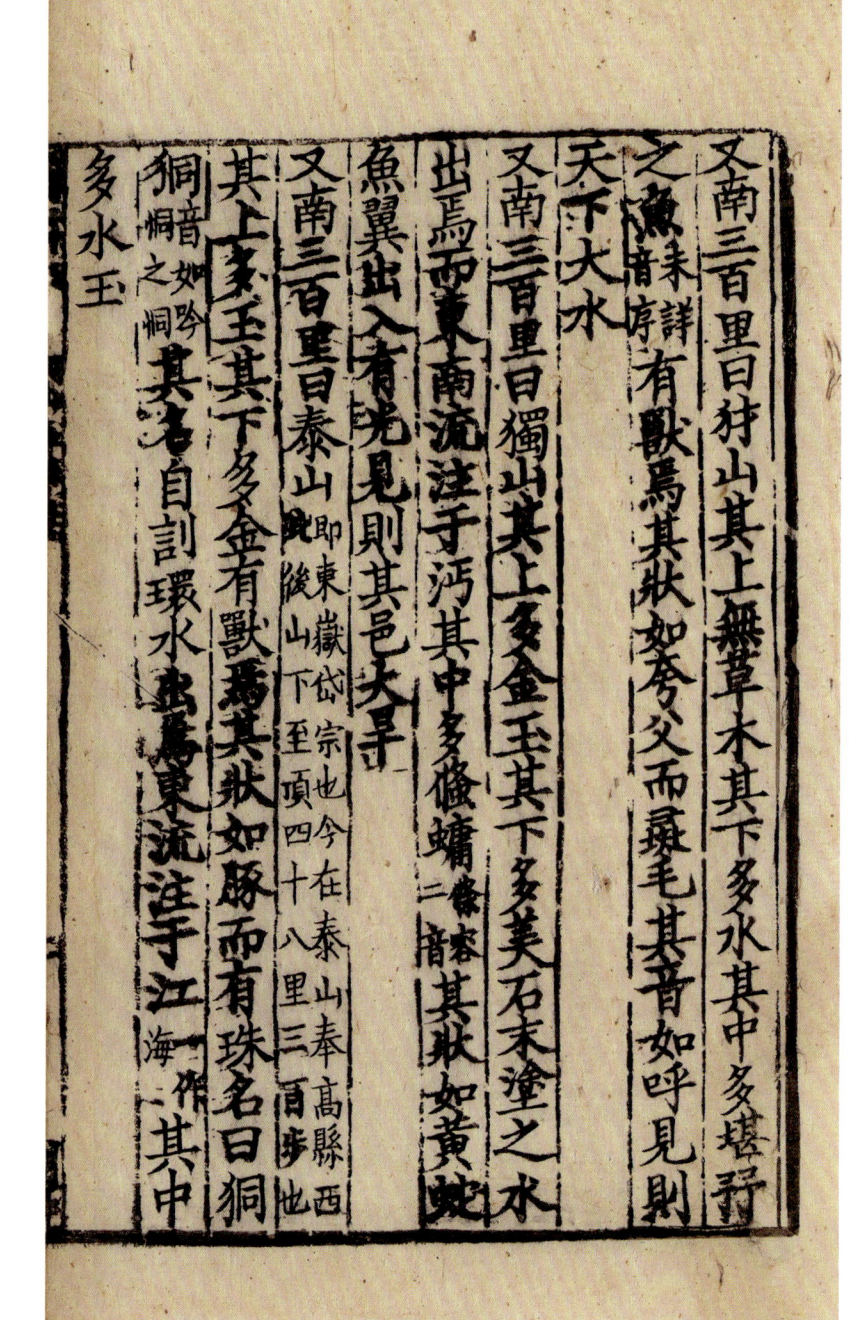

又南三百里曰竹山錞于江之作涯無草木多瑤碧激水出焉而東南流注于娶檀之水其中多茈蠃

凡東山經之首自樕螽之山以至于竹山凡十二山三千六百里其神狀皆人身龍首祠毛用一犬祈聃用魚以血塗祭為聃也公羊傳云蓋叩其鼻以聃社音釣餌之餌

東次二經之首曰空桑之山此山出琴瑟見周禮也北臨食水東望沮吳南望沙陵西望湣澤音旻有獸焉其狀如牛而虎文其音如欽或作吟其名曰軨軨音靈其鳴自叫見則天下大水

又南六百里曰曹夕之山其下多穀而無水多鳥獸

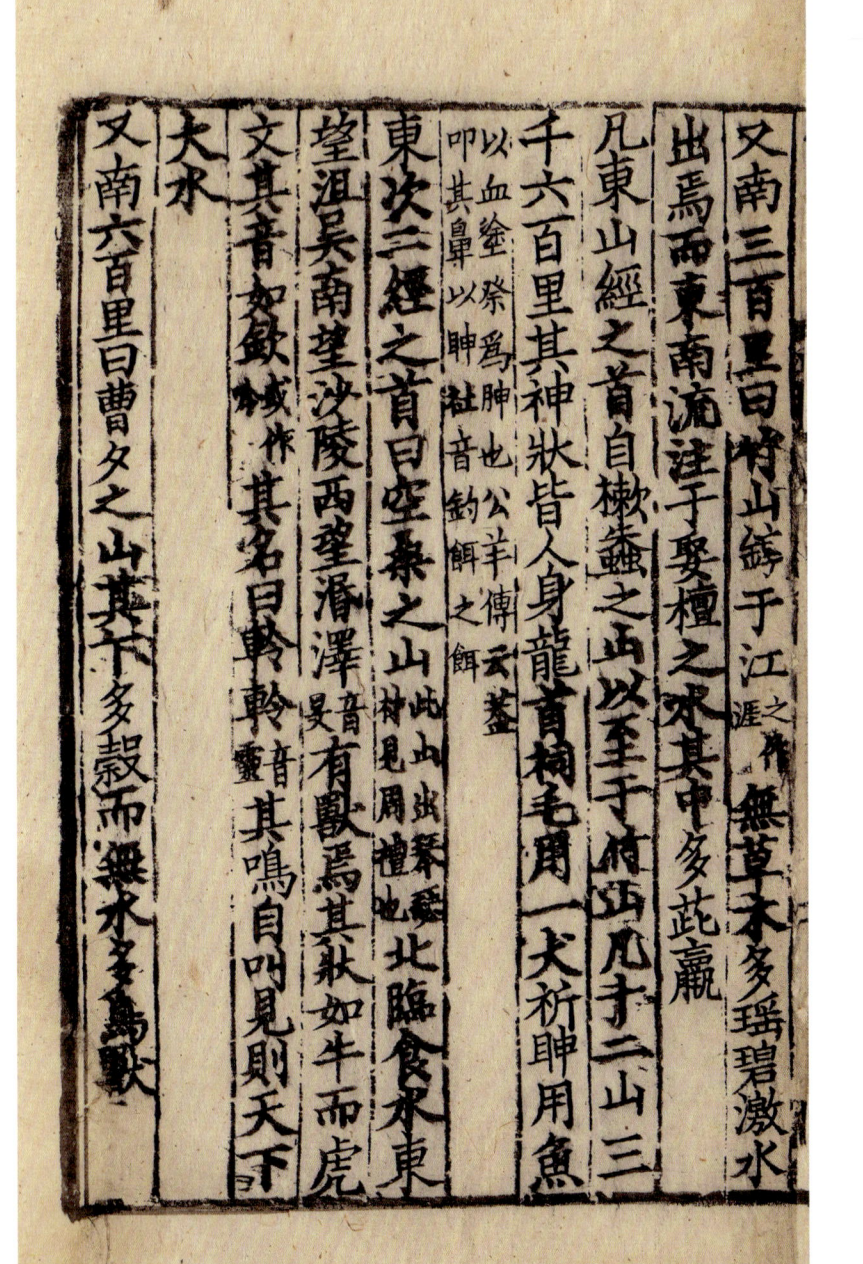

又西南四百里曰嶧皋之山音亦其上多金玉其下多白堊嶧
皋之水出焉東流注于激女之水其中多蜃珧蜃蚌也珧玉珧
亦蚌屬腎遙兩音

又南水行五百里流沙三百里至于葛山之尾無草木多
砥礪

又南三百八十里曰葛山之首無草木澧水出焉音禮東流
注于余澤其中多珠蟞魚音鼈其狀如肺而有目六足有
珠其味酸甘食之無癘無時氣病也呂氏春秋曰澧水之魚名曰朱蟞六足有珠魚之
美也

又南三百八十里曰餘莪之山其上多梓枏其下多荊

芑雜余之水出焉東流注于黄水有獸焉其狀如菟而鳥喙鴟目蛇尾見人則眠（言佯死也）名曰犰狳（仇餘二音）其鳴自訆見則螽蝗爲敗（螽蝗類也言傷敗田苗音終）

又南三百里曰杜父之山無草木多水

又南三百里曰耿山無草木多水碧（亦水玉類）多大蛇有獸焉其狀如狐而魚翼其名曰朱獳（音儒）其鳴自叫見則其國有恐

又南三百里曰盧其之山無草木多沙石沙水出焉南流注于涔水其中多鵹鶘（音黎）其狀如鴛鴦而人足其鳴自訆見則其國多土功（今鵜胡足頗有似人脚形狀也）

又南三百八十里曰姑射之山無草木多水
又南水行三百里流沙百里曰北姑射之山無草木多石
又南三百里曰南姑射之山無草木多水
又南三百里曰碧山無草木多大蛇多碧水玉
又南五百里曰緱氏之山無草木多金玉原水出焉東流
注于沙澤一曰俠氏之山
又南三百里曰姑逢之山無草木多金玉有獸焉其狀如
狐而有翼其音如鴻鴈其名曰獙獙音斃見則天下大旱
又南五百里曰鳧麗之山其上多金玉其下多箴石有獸焉
其狀如狐而九尾九首虎爪名曰蠪姪龍姪二音其音如嬰兒

兒是食人

又南五百里曰磹山音一真反南臨磹水東望湖澤有獸焉其狀如馬而羊目四角牛尾其音如獋狗其名曰峳峳音攸見則其國多狡客狡狡猾也有鳥焉其狀如鳬而鼠尾善登木其名曰絜鉤見則其國多疫

凡東次二經之首自空桑之山至于磹山凡十七山六千六百四十里其神狀皆獸身人面載觡麋鹿屬角為觡音格其祠毛用一雞祈嬰用一璧瘞

又東次三經之首曰尸胡之山北望殚山音詳其上多金玉其下多棘有獸焉其狀如麋而魚目名曰妴胡音[illegible]

自訓
又南水行八百里曰岐山其木多桃李其獸多虎
又南水行五百里曰諸鉤之山無草木多沙石是山也廣員百里多寐魚即鯑魚音味
又南水行七百里曰中父之山無草木多沙
又東水行千里曰胡射之山無草木多沙石
又南水行七百里曰孟子之山其木多梓桐多桃李其草多菌蒲未詳音胭咽之胭其獸多麋鹿是山也廣員百里其上有水出焉名曰碧陽其中多鱣鮪鮪即鱏也似鱣而長鼻體無鱗甲別名䱎鱣一名鱣也

又南水行五百里曰流沙行五百里有山焉曰跂踵之山跂音企廣員二百里無草木有大蛇其上多玉有水焉廣員四十里皆涌今河東汾陰縣有瀵水源在地底濆沸涌出其深無限即此類也其名曰深澤其中多蠵龜蠵觜蠵大龜也甲有文彩似瑇瑁而薄音遺知反有魚焉其狀如鯉而六足鳥尾名曰鮯鮯之魚音蛤其鳴自叫

又南水行九百里曰踇隅之山音敏字其上有草木多金玉多赭有獸焉其狀如牛而馬尾名曰精精其鳴自叫

又南水行五百里流沙三百里至于無皐之山南望幼海即少海也淮南子曰東方大渚曰少海東望榑木扶桑二音無草木多風是山也廣員百里

凡東次三經之首自尸胡之山至于無睪之山凡十九
山六千九百里其神狀皆人身而羊角其祠用一牡羊
米用黍是神也見則風雨水爲敗
又東次四經之首曰北號之山臨于北海有木焉其狀如
楊赤華其實如棗而無核其味酸甘食之不瘧食水出
焉而東北流注于海有獸焉其狀如狼赤首鼠目其音
如豚名曰猲狙（葛苴二音）是食人有鳥焉其狀如鷄而白首
鼠足而虎爪其名曰鬿（音祈）雀亦食人
又南三百里曰旄山無草木蒼體之水出焉而西流注
于展水其中多鱃魚（今蝦鰌字亦或作鰌）秋音其狀如鯉而大首食

者不疕

又南三百二十里曰東始之山上多蒼玉有木焉其狀如楊而赤理其汁如血不實其名曰芑[音起]可以服馬[以汁塗之則馬調良]泚水出焉而東北流注于海其中多美貝多茈魚其狀如鮒一首而十身其臭如蘪蕪食之不糟[孚謂反止失氣也]

又東南三百里曰女烝之山其上無草木石膏水出焉而西注于鬲水其中多薄魚其狀如鱣魚而一目其音如歐[如人嘔吐聲也]見則天下大旱

又東南二百里曰欽山多金玉而無石師水出焉而北流

注于皋澤其中多鰠魚多文貝有獸焉其狀如豚而有
牙其名曰當康其鳴自叫見則天下大穰
又東南二百里曰子桐之山子桐之水出焉而西流注于
餘如之澤其中多䱻魚（音滑）其狀如魚而鳥翼出入有光
其音如鴛鴦見則天下大旱
又東北二百里曰剡山多金玉有獸焉其狀如彘而人面
黄身而赤尾其名曰合窳（音庾）其音如嬰兒是獸也食人
亦食蟲蛇見則天下大水
又東二百里曰太山上多金玉楨木（女楨也葉冬不凋）有獸焉其
狀如牛而白首一目而蛇尾其名曰蜚（音如翡翠之翡）行水則

過行草則死見則天下大疫言其體含災氣也其銘曰蜚之爲名體似無害所經枯竭甚於鴆厲萬物斷懼思爾遐逝鈎水出焉而北流注于勞水其中多鱃魚

凡東次四經之首自北號之山至于大山凡八山一千七百二十里

右東經之山志凡四十六山萬八千八百六十里

中山經第五　郭氏傳

中山經薄山之首曰甘棗之山共水出焉音恭而西流注于河其上多杻木其下有草焉葵本而杏葉或作楮葉黃華而莢實名曰蘀他落反可以已瞢音盲有獸焉其狀如鼣鼠而文題鼣鼠所未詳音虺字亦或作虺其名曰難音那或作熊也食之已癭

又東二十里曰歷兒之山其上多橿多櫔木音厲是木也方莖而員葉黃華而毛其實如楝楝木名子如指頭白而黏可以浣衣也音練或作簡服之不忘

又東十五里曰渠豬之山其上多竹渠豬之水出焉而南流注于河其中是多豪魚狀如鮪鮪似鱣也赤喙尾赤羽可以

已白癬

又東三十五里曰葱聾之山其中多大谷是多白堊黑青黄堊言有雜色堊也

又東十五里曰涹山音倭其上多赤銅其陰多鐵

又東七十里曰脱扈之山有草焉其狀如葵葉而赤華莢實如椶莢今椶木莢似皁莢也名曰植楮可以已癙癙病也淮南子曰狸頭已癙也食之不眯

又東二十里曰金星之山多天嬰其狀如龍骨可以已痤癰痤也

又東七十里曰泰威之山其中有谷曰梟谷其中多鐵或

谷字

又東十五里曰橿谷之山其中多赤銅（或作檀谷之山）

又東百二十里曰吴林之山其中多葌草（亦菅字）

又北三十里曰牛首之山（今長安西南有牛首山上有館下有水未知此是非）有草焉名曰鬼草其葉如葵而赤莖其秀如禾服之不憂勞水出焉而西流注于潏水（音如譎詐之譎）是多飛魚其狀如鮒魚食之已痔衕

又北四十里曰霍山（今平陽永安縣廬江灊縣晉安羅江縣河南鞏縣皆有霍山明山以霍爲名者非一矣　案爾雅大山繞小山爲霍）其木多穀有獸焉其狀如貍而白尾有鬛名曰朏朏養之可以已憂（謂畜養之也　普昧反）

又北五十二里曰合谷之山是多薝棘音瞻未詳

又北三十五里曰陰山亦曰險山多礪石文石礪石石中磨者少水出焉其中多彫棠其葉如榆葉而方其實如赤菽菽豆食之已聾

又東北四百里曰鼓鐙之山多赤銅有草焉名曰榮草其葉如柳其本如鷄卵食之已風

凡薄山之首自甘棗之山至于鼓鐙之山凡十五山六千六百七十里歷兒冢也其祠禮毛太牢之具縣以吉玉縣祭山之名也見爾雅其餘十三山者毛用一羊縣嬰用桑封瘞而不糈桑封者桑主也方其下而鋭其上而中穿之

加金[言作神主而祭以金銀飾之也公羊傳曰虞主用桑主或作玉]

中次二經濟山之首曰煇諸之山其上多桑其獸多閭麋其鳥多鶡[似雉而大青色有毛勇健鬬死乃止音曷出上黨也]

又西南二百里曰發視之山其上多金玉其下多砥礪即魚之水出焉而西流注于伊水

又西三百里曰豪山其上多金玉而無草木

又西三百里曰鮮山多金玉無草木鮮水出焉而北流注于伊水其中多鳴蛇其狀如蛇而四翼其音如磬見則其邑大旱

又西三百里曰陽山多石無草木陽水出焉而北流注于

伊水其中多化蛇其狀如人面而豺身鳥翼而蛇行其音如叱呼見則其邑大水

又西二百里曰昆吾之山其上多赤銅（此山出名銅色赤如火以之作刀切玉如割泥也周穆王時西戎獻之尸子所謂昆吾之劒也越絕書曰赤堇之山破而出錫若耶之谷涸而出銅歐冶子因以爲純鈞之劒汲郡冢中得銅劒一枝長三尺五寸乃今所名爲干將劒汲郡亦皆非鐵也明古者通以錫雜銅爲兵器也）有獸焉其狀如彘而有角其音如號（如人號哭）名曰蠪蚳（上已有此獸疑同名）食之不眯

又西百二十里曰葌（音間）山葌水出焉而北流注于伊水其上多金玉其下多青雄黃有木焉其狀如棠而赤葉名曰芒草（音忘）可以毒魚

又西一百五十里曰獨蘇之山無草木而多水
又西二百里曰蔓渠之山其上多金玉其下多竹箭伊水
出焉而東流注于洛 今伊水出上洛盧氏縣熊耳山東北至河南洛陽縣入洛 有獸
焉其名曰馬腹其狀如人面虎身其音如嬰兒是食人
凡濟山經之首自煇諸之山至于蔓渠之山凡九山一
千六百七十里其神皆人面而鳥身祠用毛 擇用毛色 用一
吉玉投而不糈
中次三經萯山之首曰敖岸之山 或作獻 萯音倍 其陽多㻬琈
之玉其陰多赭黃金神熏池居之是常出美玉 或作石 北
望河林其狀如蒨如舉 說者云蒨舉皆木名也未詳 蒨音倩 有獸焉其狀

如白鹿而四角名曰夫諸見則其邑大水

又東十里曰青要之山實維帝之密都（天帝曲密之邑）北望河曲（河千里一曲一直也）是多駕鳥（未詳也或曰駕宜為鴐鴐鵝也音加）南望墠渚（水中小洲名渚墠音填也）禹父之所化（鯀化於羽淵為黃熊今復云在此然則一已有變怪之性者亦無往而不化也）是多僕纍蒲盧（僕纍蝸牛也爾雅曰蒲盧者螟蛉也）䰠武羅司之（武羅神名䰠即神字）其狀人面而豹文小要而白齒（或作首）而穿耳以鐻（鐻金銀器之名未詳也音渠）其鳴如鳴玉（如人鳴玉佩聲）是山也宜女子

畛水出焉（音軫）而北流注于河其中有鳥焉名曰鴢（音如窈窕之窈）其狀如鳧青身而朱目赤尾食之宜子（朱淺赤也）有草焉其狀如葌（似菅茅也）而方莖黃華赤實其本如藁本（根似藁本亦香草）

名曰荀草（或作苞草）服之美人色（令人更美艷）

又東十里曰騩山（音巍）其上有美棗其陰有㻬琈之玉正回之水出焉而北流注于河其中多飛魚其狀如豚而赤文服之不畏雷可以禦兵

又東四十里曰宜蘇之山其上多金玉其下多蔓居之木滽滽之水出焉（音容）而北流注于河是多黃貝

又東二十里曰和山其上無草木而多瑤碧實惟河之九都（九水所潛故曰九都）是山也五曲（曲回五重）九水出焉合而北流注于河其中多蒼玉吉神泰逢司之（吉猶善也）其狀如人而

虎尾（或作雀尾）是好居于萯山之陽出入有光太逢神動天地氣也（言其有靈爽能興雲雨也夏后孔甲田於萯山之下天大風晦冥孔甲迷惑入于民室見呂氏春秋也）

凡萯山之首自敖岸之山至于和山凡五山四百四十里其祠太逢熏池武羅皆一牡羊副（謂破羊骨磔之以祭也見周禮音悃愊之愊）嬰用吉玉其二神用一雄雞瘞之糈用稌

中次四經釐山之首（音狸）曰鹿蹄之山其上多玉其下多金甘水出焉而北流注于洛其中多泠石（未聞也泠或作涂）

西五十里曰扶豬之山其上多礝石（音耎今鴈門山中出礝石白者如冰半中有赤色者）有獸焉其狀如貉而人目（貉或作貗古字）其名曰麐（音銀）

或作纂 虢水出焉而北流注于洛其中多瑻石言亦出水中
又西一百二十里曰釐山其陽多玉其陰多蒐音搜茅蒐今之蒨草也
有獸焉其狀如牛蒼身其音如嬰兒是食人其名曰犀
渠濂濂之水出焉而南流注于伊水有獸焉名曰𤟤音蒼
頡之頡 其狀如獳犬而有鱗其毛如彘鬣生鱗閒也
又西二百里曰箕尾之山多穀多涂石其上多㻬琈之玉
又西二百五十里曰柄山其上多玉其下多銅滔雕之水
出焉而北流注于洛其中多羬羊有木焉其狀如樗其
葉如桐而莢實其名曰茇可以毒魚茇一作艾
又西二百里曰白邊之山其上多金玉其下多青雄黃

又西二百里曰熊耳之山（今在上洛縣南）其上多漆其下多椶浮濠之水出焉而西流注于洛其中多水玉多人魚有草焉其狀如蘇而赤華名曰葶薴（亭寧二音）可以毒魚

又西三百里曰牡山其上多文石其下多竹箭竹䉋其獸多㸲牛羬羊鳥多赤鷩（音閉即鷩雉也）

又西三百五十里曰讙舉之山雒水出焉而東北流注于玄扈之水其中多馬腸之物此二山者洛間也（洛水今出上洛縣冢嶺山河圖曰玄扈洛汭謂此間也）

凡釐山之首自鹿蹄之山至于玄扈之山凡九山千六百七十里其神狀皆人面獸身其祠之毛用一白鷄祈而不

糈言直祈禱以彩衣之以彩飾雞

中次五經薄山之首曰苟牀之山或作苟林山無草木多怪石怪石似玉也書曰鉛松怪石也

東三百里曰首山其陰多穀柞草多莱芫莱山蘄也芫華中藥其陽多㻬琈之玉木多槐其陰有谷曰机谷多䳄鳥音如鉗鈇之鈇其狀如梟而三目有耳其音如錄食之已墊未聞

又東三百里曰縣斸之山音如斤斸之斸無草木多文石

又東三百里曰葱聾之山無草木多摩石未詳

東北五百里曰條谷之山其木多槐桐其草多芍藥亹冬本草經曰亹冬一名滿冬今作門俗作耳

又北十里曰超山其陰多蒼玉其陽有井冬有水而夏竭

又東五百里曰成侯之山其上多櫄木似樗樹材中車轅吳人呼櫄音輴車或曰輴車其草多芃

又東五百里曰朝歌之山谷多美堊

又東五百里曰槐山谷多金錫

又東十里曰歷山其木多槐其陽多玉

又東十里曰尸山多蒼玉其獸多麖似鹿而小黑色尸水出焉南流注于洛水其中多美玉

又東十里曰良餘之山其上多穀柞無石餘水出于其陰而北流注于河乳水出于其陽而東南流注于洛

又東南十里曰蠱尾之山多礪石赤銅龍餘之水出焉而東南流注于洛

又東北二十里曰升山其木多穀柞棘其草多藷藇蕙蕙香草也多寇脫寇脫草生南方高丈許似荷葉而莖中有瓤正白零桂人植而日灌之以為樹也黃酸之水出焉而北流注于河其中多璇玉石次玉者也琁瑯曰旋瑤珠不知佩音旋

又東十二里曰陽虛之山多金臨于玄扈之水河圖曰蒼頡為帝南巡狩登陽虛之山臨于玄扈洛汭靈龜負書丹甲青文以授之出此水中也

凡薄山之首自苟林之山至于陽虛之山凡十六山二千九百八十二里升山冢也其祠禮大牢嬰用吉玉首

山䰠也其祠用稌黑犧大牢之具糵釀以糵作醴酒也干儛干儛萬儛干楯也置鼓擊之以儛嬰用一璧尸水合天也天神之所馮也肥牲祠之用一黑犬于上用一雌雞于下刉一牝羊獻血以血祭也刉猶封也周禮曰刉珥奉犬牲嬰用吉玉彩之又加以繒綵之飾也饗之勸彊之也特牲饋食禮曰執奠祝饗是也

中次六經縞羝山之首曰平逢之山南望伊洛東望穀城之山在濟北穀城縣西黃石公石在此山下張良取以合葬爾無草木無水多沙石有神焉其狀如人而二首名曰驕蟲是爲螫蟲爲螫蟲之長實惟蜂蜜之廬言群蜂之所舍集蜜赤蜂名其祠之用一雄雞禳而勿殺禳亦祭名謂禳却惡氣也

西十里曰縞羝之山無草木多金玉

又西十里曰廆山（音如環偉之環）其陰多㻬琈之玉其西有谷焉名曰雚谷其木多柳楮其中有鳥焉狀如山雞而長尾赤如丹火而青喙名曰鴒䳜（鈴要二音）其鳴自呼服之不眯交觴之水出于其陽而南流注于洛俞隨之水出于其陰而北流注于穀水

又西三十里曰瞻諸之山其陽多金其陰多文石𧌒水出焉（音謝）而東南流注于洛少水出其陰而東流注于穀水（世謂之慈澗）

又西三十里曰婁涿之山無草木多金玉瞻水出于其陽

而東流注于洛陂水出于其陰世謂之百荅水而北流注于穀
水其中多茈石文石
又西四十里曰白石之山惠水出于其陽而南流注于洛
其中多水玉澗水出于其陰書曰伊洛瀍澗西北流注于穀水
其中多麋石櫨丹皆未聞
又西五十里曰穀山其上多穀其下多桑爽水出焉世謂之紵
麻澗而西北流注于穀水其中多碧綠
又西七十二里曰密山今滎陽密縣亦有密山疑非也其陽多玉其陰多
鐵豪水出焉而南流注于洛其中多旋龜其狀鳥首而
鱉尾其音如判木無草木

又西百里曰長石之山無草木多金玉其西有谷焉名曰共谷多竹共水出焉西南流注于洛其中多鳴石晉永康元年襄陽郡上鳴石似玉色青撞之聲聞七八里今零陵泉陵縣永正鄉有鳴石二所其一狀如鼓俗因名爲石鼓即此類也

又西一百四十里曰傅山無草木多瑤碧厭染之水出于其陽而南流注于洛其中多人魚其西有林焉名曰墦冢音番穀水出焉而東流注于洛今穀水出穀陽谷東北至穀城縣入洛河其中多珚玉未聞也珚音堙

又西五十里曰橐山其木多樗多𣘻木今蜀中有𣘻木七八月中吐穗穗成如有鹽粉著狀可以酢羹音備其陽多金玉其陰多鐵多蕭蕭蒿見爾雅橐

水出焉而北流注于河其中多儵辟之魚狀如黽黽蛙屬也
而白喙其音如鴟食之已白癬
又西九十里曰常烝之山無草木多堊潐水出焉音譙而東
北流注于河其中多蒼玉菑水出焉而北流注于河
又西九十里曰夸父之山其木多椶柟多竹箭其獸多㸲
牛羬羊其鳥多赤鷩其陽多玉其陰多鐵其北有林焉
名曰桃林是廣員三百里其中多馬桃林今弘農湖縣闅鄉南谷中是也
䍶野馬山羊山牛也湖水出焉而北流注于河其中多珚玉
又西九十里曰陽華之山其陽多金玉其陰多青雄黃其
草多藷藇多苦辛其狀如櫹即楸字也其實如瓜其味酸甘

食之已瘻楊水出焉而西南流注于洛其中多人魚門水出焉而東北流注于河其中多玄礵(黑砥石生水中)緒姑之水出于其陰(緒音藷)而東流注于門水其上多銅門水至于河七百九十里入雒水

凡縞羝山之首自平逢之山至于陽華之山凡十四山七百九十里嶽在其中以六月祭之(六月亦歲之中)如諸嶽之祠法則天下安寧

中次七經苦山之首曰休與之山(與或作輿下同)其上有石焉名曰帝臺之棋(帝臺神人名棋謂博棋也)五色而文其狀如鶉卵帝臺之石所以禱百神者也(禱祀百神則用此石)服之不蠱有草焉

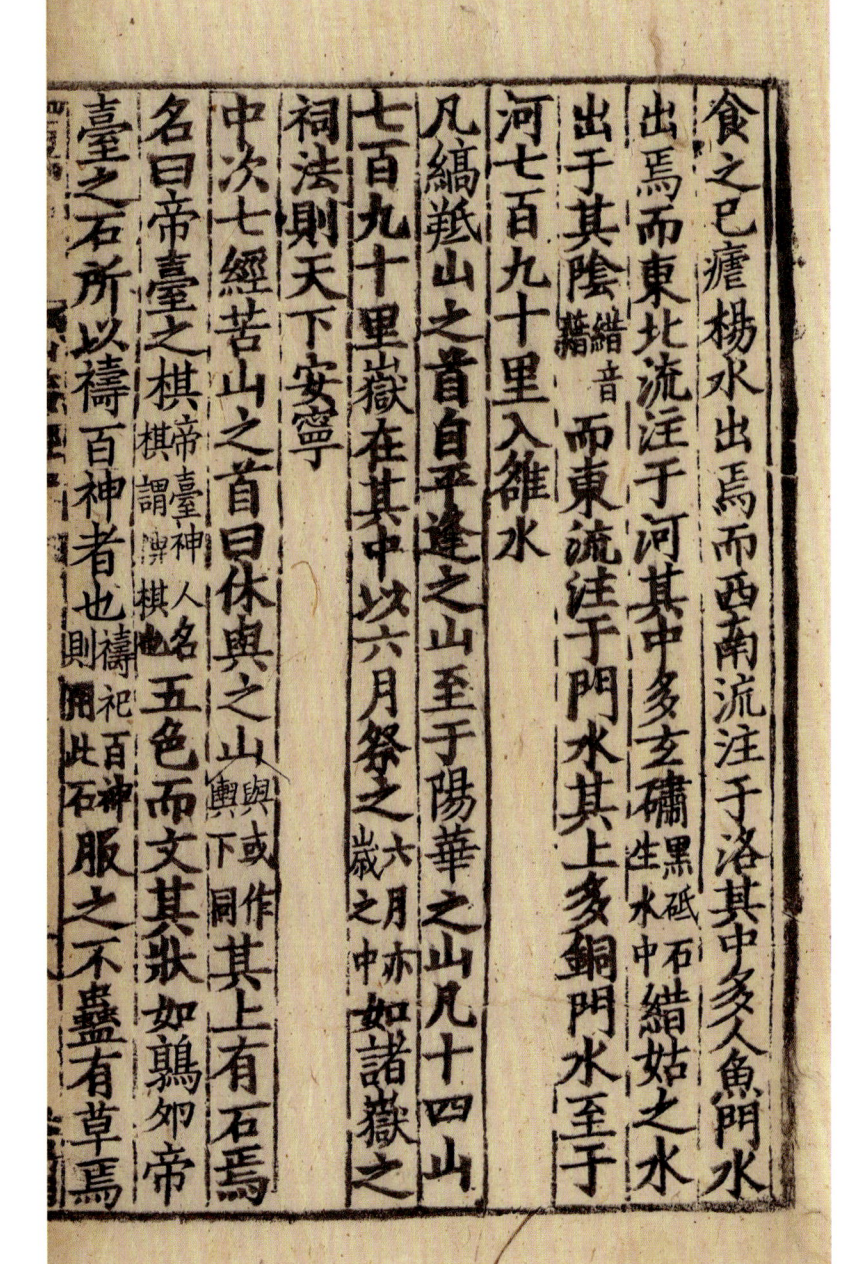

其狀如蓍赤葉而本叢生名曰夙條可以為簳簳中箭笴也
東三百里曰鼓鍾之山帝臺之所以觴百神也舉觴燕會則於
此山因名為鼓鍾也有草焉方莖而黃華員葉而三成葉三重也其名
曰焉酸可以為毒為治毒其上多礪其下多砥
又東二百里曰姑媱之山姑媱或無之山字帝女死焉其名曰女
尸化為䔄草其葉胥成言葉相重也亦音遙其華黃其實如菟丘
菟丘菟絲也見爾雅服之媚於人為人所愛也傳曰人服媚之如是一名荒夫草
又東二十里曰苦山有獸焉名曰山膏其狀如逐即豚字赤
若丹火善詈好罵人其上有木焉名曰黃棘黃華而員葉
其實如蘭服之不字字生也易曰女子貞不字有草焉員葉而無莖

赤華而不實名曰無條服之不癭
又東二十七里曰堵山神天愚居之是多怪風雨其上有
木焉名曰天楄音鞭方莖而葵狀服者不哽食不噎也
又東五十二里曰放皋之山放或作効又作牧明水出焉南流注
于伊水其中多蒼玉有木焉其葉如槐黃華而不實其
名曰蒙木服之不惑有獸焉其狀如蜂枝尾而反舌善
呼好呼喚也其名曰文文
又東五十七里曰大𡶇之山多㻬琈之玉多麋玉有草
焉其狀葉如榆方莖而蒼傷其名曰牛傷猶言牛棘其根蒼
文服者不厥厥逆氣病可以禦兵其陽狂水出焉西南流注

于伊水其中多三足龜今吴興陽羨縣有君山山上有池水中有三足六眼龜鼈龜三足者名賁出爾雅食者無大疾可以已腫

又東七十里曰半石之山其上有草焉生而秀其高丈餘赤葉赤華華而不實初生先作穗卻著葉花生穗間其名曰嘉榮服之者不霆不畏雷霆霹靂也音廷搏之廷來需之水出于其陽而西流注于伊水其中多鯩魚音倫黑文其狀如鮒食者不睡合水出于其陰而北流注于洛多䲢魚音騰狀如鱖居逵鱖魚大口大目細鱗有斑彩逵水中之穴道交通者鱹音劌蒼文赤尾食者不癰可以為瘻瘻癰屬也中多有蟲淮南子曰雞頭已瘻音漏

又東五十里曰少室之山今在河南陽城西俗名泰室百草木成囷未詳

其上有木焉其名曰帝休葉狀如楊其枝五衢言樹枝交錯相重五出有象衢路也離騷曰靡萍九衢黄華黒實服者不怒其上多玉此山巔亦有白玉膏得服之即得仙道世人不能上也詩含神霧云其下多鐵休水出焉而北流注于洛其中多鯑魚狀如盩蜼未詳音偽而長距足白而對未詳食者無蠱疾可以禦兵

又東三十里曰泰室之山即中嶽嵩高山也今在陽城縣西其上有木焉葉狀如梨而赤理其名曰栯木音郁服者不妬有草焉其狀如茉朮似薊也白華黒實澤如蘡薁言子滑澤其名曰䔄草服之不眯上多美石次玉者也啓母化為石而生啓在此山見淮南子

又北三十里曰講山其上多玉多柘多柏有木焉名曰帝屋

葉狀如椒反傷赤實（反傷刺下勾也）可以禦凶

又北三十里曰嬰梁之山上多蒼玉錞于玄石（言蒼玉依黑石而生也或曰錞于樂器名形似椎頭）

又東三十里曰浮戲之山有木焉葉狀如樗而赤實名曰亢木食者不蠱汜水出焉而北流注于河其東有谷因名曰蛇谷（言此中出蛇故以名之）上多少辛（細辛也）

又東四十里曰少陘之山有草焉名曰䓨草（音剛）葉狀如葵而赤莖白華實如蘡薁食之不愚（言益人智）器難之水出焉（或作囂）而北流注于役水（一作侵）

又東南十里曰太山（別有東小太山今在朱虛縣汶水所出疑此非也）有草焉名

曰梨其葉狀如荻（荻亦蒿也音狄）而赤華可以已疽太水出于其陽而東南流注于没水承水出于其陰而東北流注于没（世謂之靖澗水）

又東二十里曰末山上多赤金末水出焉北流注于没（水經作沫）

又東二十五里曰役山上多白金多鐵役水出焉北注于河

又東三十五里曰敏山上有木焉其狀如荊白華而赤實名曰蒯（音計）柏服者不寒（令人耐寒）其陽多㻬琈之玉

又東三十里曰大騩之山（今滎陽密縣有大騩山騩因溝水所出音歸）其陰多

鐵美玉青堊有草焉其狀如蓍而毛青華而白實其名曰䓞（音狼）服之不夭（言盡壽也或作芺）可以爲腹疾（爲治也一作巳）

凡苦山之首自休與之山至于大騩之山凡十有九山千一百八十四里其十六神者皆豕身而人面其祠毛牷用一羊羞（言以羊爲羞）嬰用一藻玉瘞（藻玉玉有五彩者也或曰所以盛玉藻藉也）苦山少室太室皆冢也其祠之太牢之具嬰以吉玉其神狀皆人面而三首其餘屬皆豕身人面也

中次八經荊山之首曰景山（今在南郡界中）其上多金玉其木多杼檀（杼音椽桂之桂）雎水出焉（雎音癰疽之疽）東南流注于江（今雎水出新城䰢昌縣東南發阿山東南至南郡枝江縣入江也）其中多丹粟多文魚（有斑彩也）

東北百里曰荊山（今在新城沐鄉縣南）其陰多鐵其陽多赤金其中多犛牛（旄牛屬也黑色出西南徼外也音狸一音來）多豹虎其木多松柏其草多竹多橘櫾（櫾似橘而大也皮厚味酸）漳水出焉而東南流注于睢（出荊山至南郡當陽縣入沮水）其中多黃金多鮫魚（鮫鮒魚類也皮有珠文而堅尾長三四尺末有毒螫人皮可飾刀劍口錯治材角今臨海郡亦有之音交）其獸多閭麋（似鹿而大也）

又東北百五十里曰驕山其上多玉其下多青雘其木多松柏多桃枝鉤端神䰠圍處之（䰠音鼉魚之鼉）其狀如人面羊角虎爪恒遊于睢漳之淵（淵水之府奧也）出入有光

又東北百二十里曰女几之山其上多玉其下多黃金其

獸多豹虎多閭麋麖麂(麂似獐而大猥毛豹脚音几)其鳥多白鷮(鷮似雉而長尾走且鳴音驕)多翟多鴆(鴆大如鵰紫緑色長頸赤喙食蝮蛇頭雄名運日雌名陰諧也)

又東北二百里曰宜諸之山其上多金玉其下多青雘洈水出焉(音詭)而南流注于漳(今洈水出南郡東洈山至華容縣入江也)其中多白玉

又東北三百五十里曰綸山(音倫)其木多梓柟多桃枝多柤栗橘櫾(柤似梨而酢濇)其獸多閭麈麢㚟(㚟似菟而鹿脚青色音勑略反)

又東北二百里曰陸郿之山(音如跪對之跪)其上多㻬琈之玉其下多堊其木多杻橿

又東百三十里曰光山其上多碧其下多木神計蒙處之

其狀人身而龍首恒遊于漳淵出入必有飄風暴雨

又東百五十里曰岐山其陽多赤金其陰多白珉（石似玉者音旻）其上多金玉其下多青雘其木多樗神涉䰠處之（徒河切一作䰠莫遊切）其狀人身而方面三足

又東百三十里曰銅山其上多金銀鐵其木多穀柞柤栗橘櫾其獸多豹

又東北一百里曰美山其獸多兕牛多閭麈多豕鹿其上多金其下多青雘

又東北百里曰大堯之山其木多松栢多梓桑多机其草多竹其獸多豹虎麢㲋

又東北三百里曰靈山其上多金玉其下多青雘其木多
桃李梅杏梅似杏而酢也
又東北七十里曰龍山上多寓木寄生也一名宛童見爾雅其上多碧
其下多赤錫其草多桃枝鉤端
又東南五十里曰衡山上多寓木穀柞多黃堊白堊
又東南七十里曰石山其上多金其下多青雘多寓木
又南百二十里曰若山其上多㻬琈之玉多赭赤土多邽石
未詳多寓木多柘若一作前
又東南一百二十里曰彘山多美石多柘
又東南一百五十里曰玉山其上多金玉其下多碧鐵其木

多栢（一作楢）

又東南七十里曰讙山其木多檀多邽石多白錫（今白鑞也）郁水出于其上潛于其下其中多砥礪

又東北百五十里曰仁舉之山其木多穀柞其陽多赤金其陰多赭

又東五十里曰師每之山其陽多砥礪其陰多青䨼其木多栢多檀多柘其草多竹

又東南二百里曰琴鼓之山其木多穀柞椒柘（椒爲樹小而叢生下有草木則蠚死）其上多白珉其下多洗石其獸多豕鹿多白犀其鳥多鴆

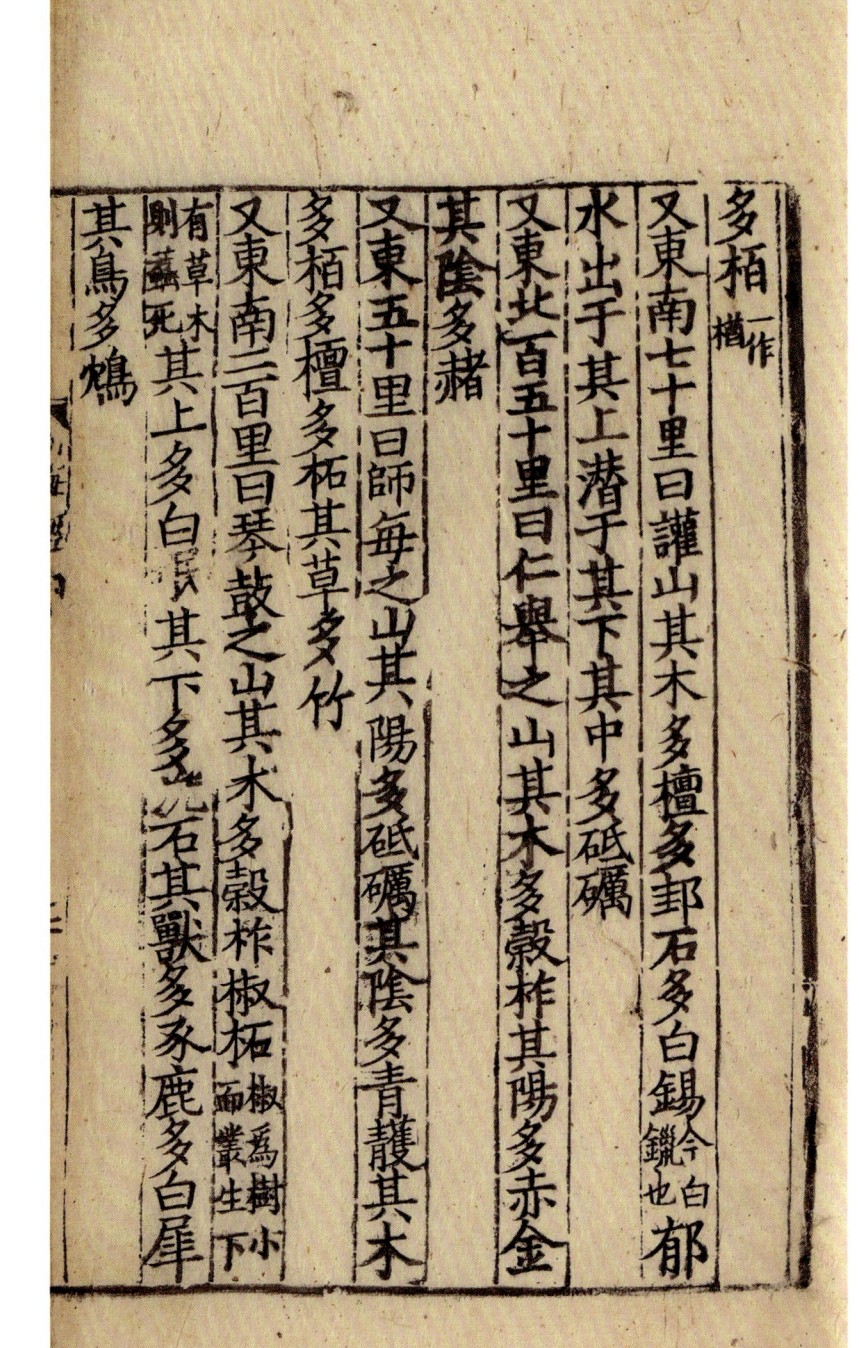

凡荆山之首自景山至琴鼓之山凡二十三山二千八百九十里其神狀皆鳥身而人面其祠用一雄雞祈瘞（禱請已埋之也）用一藻圭糈用稌驕山冢也其祠用羞酒少牢祈瘞嬰毛一璧

中次九經岷山之首曰女几之山其上多石涅其木多杻橿其草多菊茱洛水出焉東注于江其中多雄黃（雄黃亦出水中）其獸多虎豹

又東北三百里曰岷山江水出焉（岷山今在汶山郡廣陽縣西大江所出）東北流注于海（至廣陽縣入海）其中多良龜（良善）多鼉（似蜥蜴大者長二丈有鱗彩皮可以冒鼓）其上多金玉其下多白珉其木多梅棠其獸多

犀象多夔牛今蜀山中有大牛重數千斤名爲夔牛晉太興元年此牛出上庸郡人弩射殺得三十八擔肉即爾雅所謂犩其鳥多翰鷩白翰赤鷩

又東北一百四十里曰崍山江水出焉邛來山今在漢嘉嚴道縣南江水所自出也山有九折坂出貊貊似熊而黑白駁亦食銅鐵也東流注大江其陽多黃金其陰多麋麈其木多檀柘其草多䪥韭多葯即藁空奪即蛇皮脫也

又東一百五十里曰崌山音居江水出焉北江東流注于大江其中多怪蛇今永昌郡有鉤蛇長數丈尾岐在水中鉤取岸上人牛馬啖之又呼馬絆蛇謂此類也多鰲魚音贅未聞其木多楢杻楢剛木也中車材音秋多梅梓其獸多夔牛麢㚟犀兕有鳥焉狀如鴞而赤身白首其名曰竊

脂今呼小青雀此觜肉食者爲竊脂疑此非也可以禦火

又東三百里曰高梁之山其上多堊其下多砥礪其木多桃枝鉤端有草焉狀如葵而赤華莢實白柎可以走馬

又東四百里曰蛇山其上多黃金其下多堊其木多栒多豫樟其草多嘉榮少辛有獸焉其狀如狐而白尾長耳名曰狏狼音巴見則國內有兵一作國有內亂

又東五百里曰鬲山其陽多金其陰多白珉蒲鸏音薨之水出焉而東流注于江其中多白玉其獸多犀象熊羆多猨蜼蜼似獮猴鼻露上向尾四五尺頭有岐蒼黃色雨則自縣樹以尾塞鼻孔或以兩指塞之

又東北三百里曰隅陽之山其上多金玉其下多青雘其

木多梓桑其草多芘徐之水出焉東流注于江其中多
丹粟
又東二百五十里曰岐山今在扶風美陽縣西其上多白金其下多
鐵其木多梅梓梅或作藪音多杻楢減水出焉東南流注于
江
又東三百里曰勾檷之山音絡椐之椐其上多玉其下多黃金
其木多櫟柘其草多芍藥
又東一百五十里曰風雨之山其上多白金其下多石涅其
木多棷樿棷木未詳也樿木白理中梳騶善二音多楊宣余之水出焉東
流注于江其中多蛇其獸多閭麋多麈豹虎其鳥多白

鸛

又東北二百里曰玉山其陽多銅其陰多赤金其木多豫樟楢杻其獸多豕鹿麢㚟其鳥多鴆

又東一百五十里曰熊山有穴焉熊之穴恒出神人夏啓而冬閉是穴也冬啓乃必有兵今鄴西北有鼓山下有石鼓象懸著山旁鳴則有軍事與此穴殊象而同應其上多白玉其下多白金其木多樗柳其草多寇脫

又東一百四十里曰騩山其陽多美玉赤金其陰多鐵其木多桃枝荊芑

又東二百里曰葛山其上多赤金其下多瑊石瑊石勁石似玉也音

鍼其木多柤栗橘櫾楢杻其獸多麢㚟其草多嘉榮

又東一百七十里曰賈超之山其陽多黃堊其陰多美赭其木多柤栗橘櫾其中多龍脩（龍須也似莞而細生山石穴中莖倒垂可以爲席）

凡岷山之首自女几山至于賈超之山凡十六山三千五百里其神狀皆馬身而龍首其祠毛用一雄雞瘞糈用稌文山勾㰻風雨䐓之山是皆冢也其祠之羞酒（先進酒以酹神）少牢具嬰毛一吉玉熊山席也（席者神之所馮止也）其祠羞席大牢具嬰毛一璧干儛用兵以禳（禳祓除之祭名儛者持盾武儛也）祓璆冕舞（祓所求福祥也祭用玉舞者冕服也美玉曰璆巳求反）

中次十經之首曰首陽之山其上多金玉無草木

又西五十里曰虎尾之山其木多椒椐多封石其陽多赤金其陰多鐵

又西南五十里曰繁繢之山（音潰）其木多楢杻其草多枝勾（今山中有此草）

又西南二十里曰勇石之山無木草多白金多水

又西二十里曰復州之山其木多檀其陽多黃金有鳥焉其狀如鴞而一足彘尾其名曰跂踵（音企）見則其國大疫（銘曰跂踵爲鳥一足似夔不爲樂興反以來悲）

又西三十里曰楮山多寓木多椒椐多柘多堊（一作渚州之山）

又西二十里曰又原之山其陽多青雘其陰多鐵其鳥多

鸛鵒鴝鵒也傳曰鴝鵒來巢音臛

又西五十里曰涿山其木多穀柞杻其陽多㻬琈之玉

又西七十里曰丙山其木多梓檀多弞杻弞義所未詳

凡首陽山之首自首山至于丙山凡九山二百六十七里其神狀皆龍身而人面其祠之毛用一雄雞瘞糈用五種之糈堵山冢也其祠之少牢具羞酒祠嬰毛一璧瘞騩山帝也其祠羞酒大牢其合巫祝二人儛嬰一璧

中次一十一山經荊山之首曰翼望之山湍水出焉鹿豪反東流注于濟今湍水逕南陽穰縣而入清水貺水出焉音況東南流注于漢其中多蛟似蛇而四脚小頭細頸頸有白癭大者十數圍卵如一二石甕能吞人其

上多松栢其下多漆梓其陽多赤金其陰多珉
又東北三百五十里曰朝歌之山潕水出焉（潕水今在南陽舞陽縣音武）東南流注于滎其中多人魚其上多梓枏其獸多麢麋
有草焉名曰莽草可以毒魚（今用之殺魚）
又東南二百里曰帝囷之山（去倫反）其陽多㻬琈之玉其陰多鐵帝囷之水出于其上潛于其下多鳴蛇
又東南五十里曰視山其上多韭有井焉名曰天井夏有水冬竭其上多桑多美堊金玉
又東南二百里曰前山其木多櫧（音諸似柞子可食冬夏生作屋柱難腐或作儲）多栢其陽多金其陰多赭

又東南三百里曰豐山有獸焉其狀如蝯赤目赤喙黃身名曰雍和見則國有大恐神耕父處之帝遊清泠之淵出入有光清泠水在西號郊縣山上神來時水赤有光耀今有屋祠之見則其國為敗有九鍾焉是知霜鳴霜降則鍾鳴故言知也物有自然感應而不可為也其上多金其下多穀柞杻橿

又東北八百里曰兔牀之山其陽多鐵其木多櫧諸萸其草多雞穀其本如雞卵其味酸甘食者利於人

又東六十里曰皮山多堊多赭其木多松柏

又東六十里曰瑤碧之山其木多梓柟其陰多青雘其陽多白金有鳥焉其狀如雉恒食蜚名曰鴆蜚負盤也音翡此更一種

鳥非食蛙之鳩也

又東四十里曰支離之山濟水出焉南流注于漢今濟水出酈縣西北山中南入漢酈離音擘亦同有鳥焉其名曰嬰勺其狀如鵲赤目赤喙白身其尾若勺似酒勺其鳴自呼多牸牛多羬羊

又東北五十里曰袟篙之山音彫其上多松柏机桓桓葉似柳皮黃不措子似楝着酒中飲之辟惡氣流衣去垢核堅正黑可以間香纓一名栝樓也

又西北一百里曰堇理之山其上多松柏多美梓其陰多丹雘多金其獸多豹虎有鳥焉其狀如鵲青身白喙白目白尾名曰青耕可以禦疫其鳴自叫

又東南三十里曰依軲之山音枯其上多杻橿多苴未詳音蘊有

獸焉其狀如犬虎爪有甲其名曰獜（言體有鱗甲音吝）善駚坌（跳躍自撲也鞅奮兩音）食者不風（不畏天風）

又東南三十五里曰即谷之山多美玉多玄豹（黑豹也即今荆州山中出黑虎也）多閭麈多麢㚟其陽多珉其陰多青雘

又東南四十里曰雞山其上多美梓多桑其草多韭

又東南五十里曰高前之山其上有水焉甚寒而清（或作潸）帝臺之漿也（今河東解縣南檀首山上有水潛出停不流俗名爲盎漿即此類也）飲之者不心痛其上有金其下有赭

又東南三十里曰游戲之山多杻橿穀多玉多封石

又東南三十五里曰從山其上多松柏其下多竹從水出

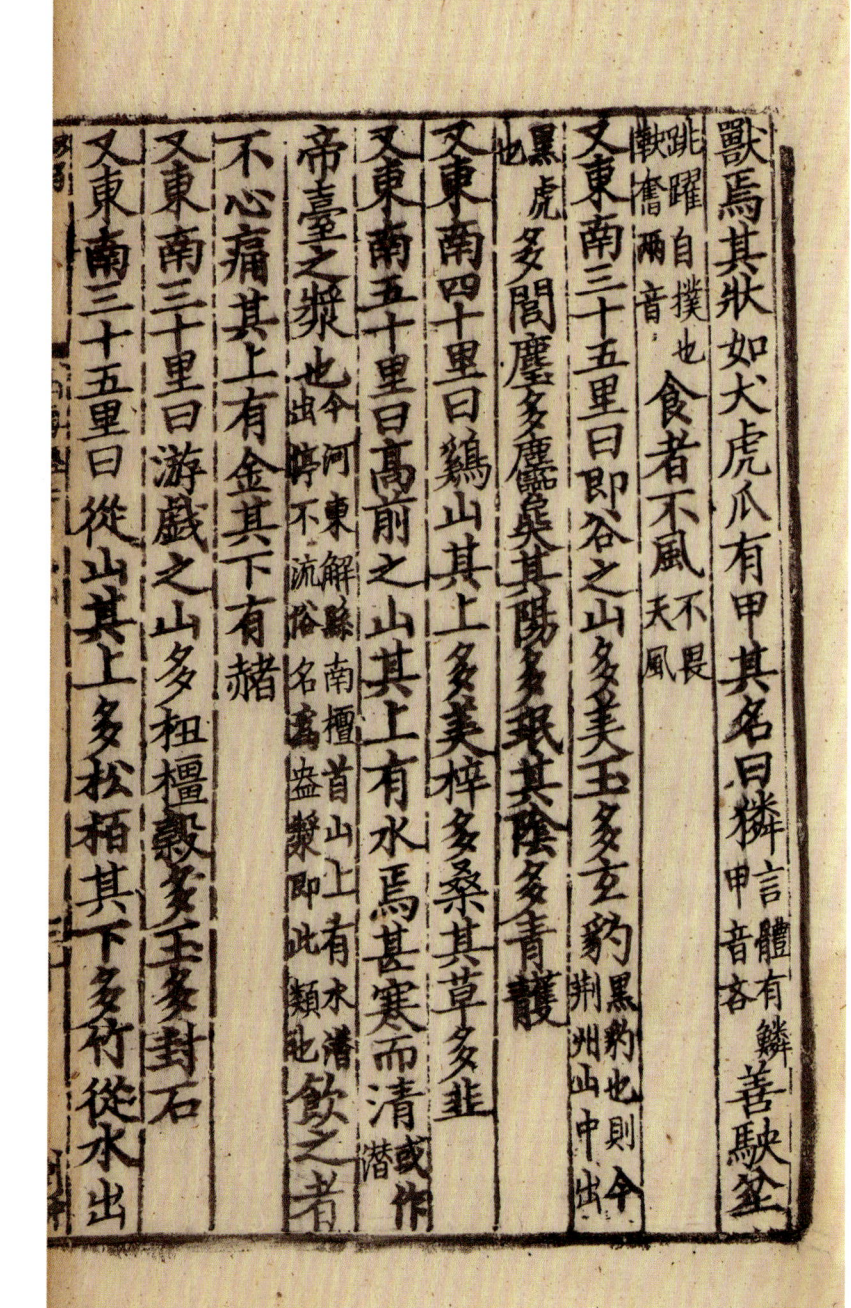

于其上潛于其下其中多三足鼈枝尾（三脚鼈名能見爾雅）食之
無蠱疫
又東南三十里曰嬰硜之山（音真）其上多松栢其下多梓櫄
又東南三十里曰畢山帝苑之水出焉東北流注于視其
中多水玉多蛟其上多㻬琈之玉
又東南二十里曰樂馬之山有獸焉其狀如彙赤如丹火
其名曰狹（音戾）見則其國大疫
又東南二十五里曰葴山視水出焉（或曰視宜爲䚁䚁水今在南陽也）東
南流注于汝水其中多人魚多蛟多頡（如青狗）
又東四十里曰嬰山其下多青雘其上多金玉

又東三十里曰虎首之山多苴椆椐椆未詳也音彫

又東二十里曰嬰侯之山其上多封石其下多赤錫

又東五十里曰大孰之山殺水出焉東北流注于視水其中多白堊

又東四十里曰卑山其上多桃李苴梓多纍今虎豆貍豆之屬纍一名縢音誅

又東三十里曰倚帝之山其上多玉其下多金有獸焉其狀大如鼣鼠爾雅說鼠有十三種中有此鼠形所未詳也音狗吠之吠白耳白喙名曰狙如音即蛆見則其國有大兵

又東三十里曰鯢山音倪鯢水出于其上潛于其下其中多

美堊其上多金其下多青雘

又東三十里曰雅山澧水出焉（音礼 今澧水出南陽）東流注于視水其中多大魚其上多美桑其下多苴多赤金

又東五十里曰宣山淪水出焉東南流注于視水其中多蛟其上有桑焉大五十尺（謂五文也）其枝四衢（言枝交互四出）其葉大尺餘赤理黃華青柎名曰帝女之桑（婦女主蠶故以名桑）

又東四十五里曰衡山（今衡山在衡陽湘南縣南嶽也俗謂之岣嶁山）其上多青雘多桑其鳥多鸜鵒

又東四十里曰豐山其上多封石其木多桑多羊桃狀如桃而方莖（一名鬼桃）可以為皮張（治皮腫起）

又東七十里曰嫗山其上多美玉其下多金其草多鷄穀
又東三十里曰鮮山其木多楢杻苴其草多亹冬其陽多
金其陰多鐵有獸焉其狀如膜大赤喙赤目白尾見則
其邑有火名曰移即音移
又東三十里曰章山或作童山其陽多金其陰多美石皐水出
焉東流注于澧水其中多脃石閵魚跪反
又東二十五里曰大支之山其陽多金其木多穀柞無草
又東五十里曰區吴之山其木多苴
又東五十里曰聲匈之山其木多穀多玉上多封石
又東五十里曰大騩之山上已有此山疑同名其陽多赤金其陰多

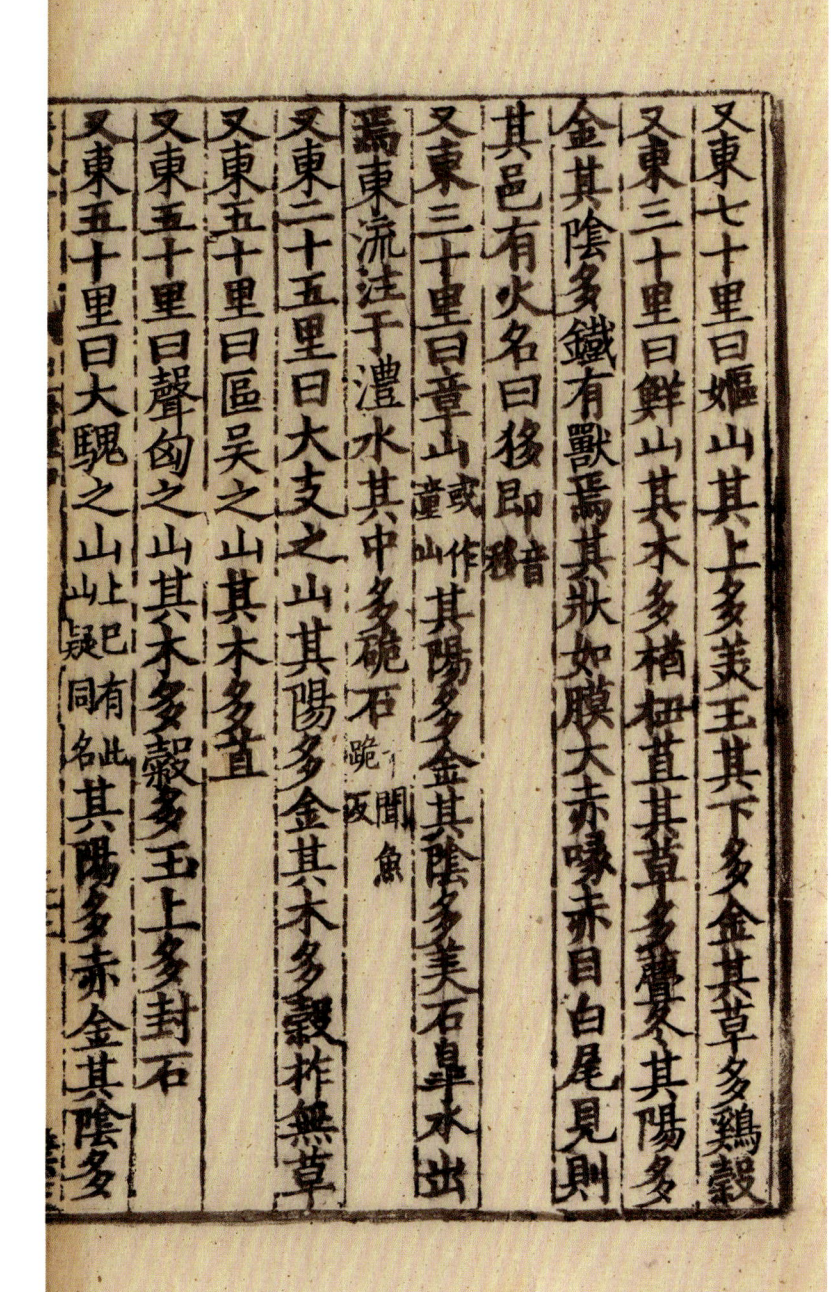

砥石

又東十里曰踵臼之山無草木

又東北七十里曰歷或作[illegible]石之山其木多荆芑其陽多黄金其陰多砥石有獸焉其狀如狸而白首虎爪名曰梁渠見則其國有大兵

又東南一百里曰求山求水出于其上潛于其下中有美赭其木多苴多𥳑篠屬其陽多金其陰多鐵

又東二百里曰丑陽之山其上多椆椐有鳥焉其狀如烏而赤足名曰駅餘音如掓蟜之掓可以禦火

又東三百里曰奥山其上多栢杻橿其陽多㻬琈之玉奥

水出焉東流注于視水

又東三十五里曰服山其木多苴其上多封石其下多赤錫

又東三百里曰杳山其上多嘉榮草多金玉

又東三百五十里曰几山其木多楢檀杻其草多香有獸焉其狀如彘黃身白頭白尾名曰聞𧲎音隣見則天下大風𧲎一作䝙音瓨

凡荆山之首自翼望之山至于几山凡四十八山三千七百三十二里其神狀皆彘身人首其祠毛用一雄雞祈瘞用一珪糈用五種之精禾山帝也其祠大牢之具

羞瘞倒毛薦羞反倒牲埋之也用一璧牛無常堵山玉山冢也皆
倒祠羞毛少牢嬰毛吉玉
中次十二經洞庭山之首曰篇遇之山篇或作肩無草木
多黃金
又東南五十里曰雲山無草木有桂竹甚毒傷人必死今始興郡桂陽縣出筀竹大者圍二尺長四丈又交趾有篥竹實中勁強有毒銳以刺虎中之則死亦此類也其
上多黃金其下多㻬琈之玉
又東南一百三十里曰龜山其木多穀柞椆椐其上多黃金
其下多青雄黃多扶竹邛竹也高節實中中杖也名之扶老竹
又東七十里曰丙山多筀竹多黃金銅鐵無木

又東南五十里曰風伯之山其上多金玉其下多痠石文石（未詳痠石之義）多鐵其木多柳杻檀楮其東有林焉名曰莽浮之林多美木鳥獸

又東一百五十里曰夫夫之山其上多黃金其下多青雄黃其木多桑楮其草多竹雞鼓神于兒居之其狀人身而身操兩蛇常遊于江淵出入有光

又東南一百二十里曰洞庭之山（今長沙巴陵縣西又有洞庭陂潛伏通江離騷曰邅吾道兮洞庭洞庭波兮木葉下皆謂此也字或作銅宜從水）其上多黃金其下多銀鐵其木多柤梨橘櫾其草多葌蘪蕪芍藥芎藭（蘪蕪似蛇牀而香也）帝之二女居之（天帝之二女而處江為神即列仙傳江妃二女也離騷九歌所謂湘夫人稱帝

子者是也而河圖玉版曰湘夫人者帝堯女也秦始皇浮江至湘山逢大風而問博士湘君何神博士曰聞之堯二女舜妃也死而葬此列女傳曰二女死於江湘之間俗謂爲湘君鄭司農亦以舜妃爲湘君說者皆以舜陟方而死二妃從之俱溺死於湘江遂號爲湘夫人案九歌湘君湘夫人自是二神江湘之有夫人猶河瀆之有虙妃也此之爲靈與天地竝矣安得謂之堯女且既謂之堯女安得復總云湘君哉何以考之禮記曰舜葬蒼梧二妃不從明二妃生不從征死不從葬義可知矣即令從之二女靈達鑒通無方尚能以鳥工龍裳救井廩之難豈當不能自免於風波而有雙淪之患乎假復如此傳曰生爲上公死爲貴神禮五岳比三公四瀆比諸侯今湘川不及四瀆無秩於命祀而二女帝者之后配靈神祇無緣當復下降小水而爲夫人也參五其義義既混錯錯綜其理理無可據斯不然矣原其致謬之由由乎俱以帝女爲名名實相亂莫矯其失習非勝是終古不悟可悲矣

是常遊于江淵灃沅之風交瀟湘之淵此言二女遊戲江之淵府則能鼓三江令風波之氣共相交通言其靈響之意也江湘沅水皆共會巴陵頭故號爲三江之口

澧又去之七八十里而入江焉淮南子曰弋釣瀟湘今所在未詳也瀟音蕭是在九江之閒地里志九江今在潯陽南江自潯陽而分爲九皆東會于大江書曰九江孔殷是也出入必以飄風暴雨是多怪神狀如人而載蛇左右手操蛇多怪鳥

又東南一百八十里曰暴山其木多椶枏荊芑竹箭䉋箘亦篠類中箭見禹貢其上多黃金玉其下多文石鐵其獸多麋鹿麈就就鵰也見廣雅

又東南二百里曰即公之山其上多黃金其下多㻬琈之玉其木多柳杻檀桑有獸焉其狀如龜而白身赤首名曰蛫音詭是可以禦火

又東南一百五十九里曰堯山其陰多黃堊其陽多黃金其

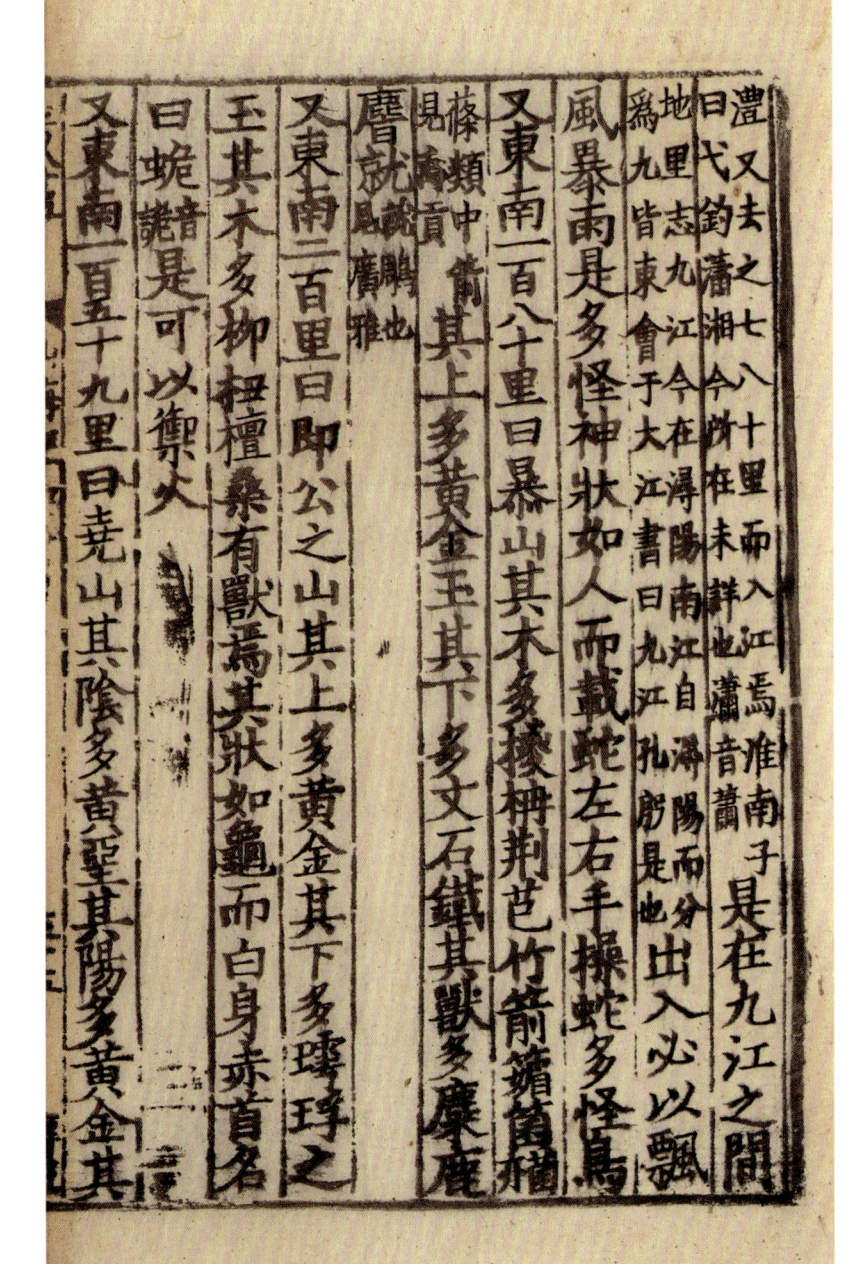

木多荆芑柳檀其草多藷藇苿

又東南一百里曰江浮之山其上多銀砥礪無草木其獸多豕鹿

又東二百里曰真陵之山其上多黃金其下多玉其木多穀柞柳杻其草多榮草

又東南一百二十里曰陽帝之山多美銅其木多橿杻檿楮檿山桑也其獸多麢麝

又南九十里曰柴桑之山今在潯陽柴桑縣南與廬山相連也其上多銀其下多碧多冷石赭其木多柳芑楮桑其獸多麋鹿多白蛇飛蛇即騰蛇乘霧而飛者

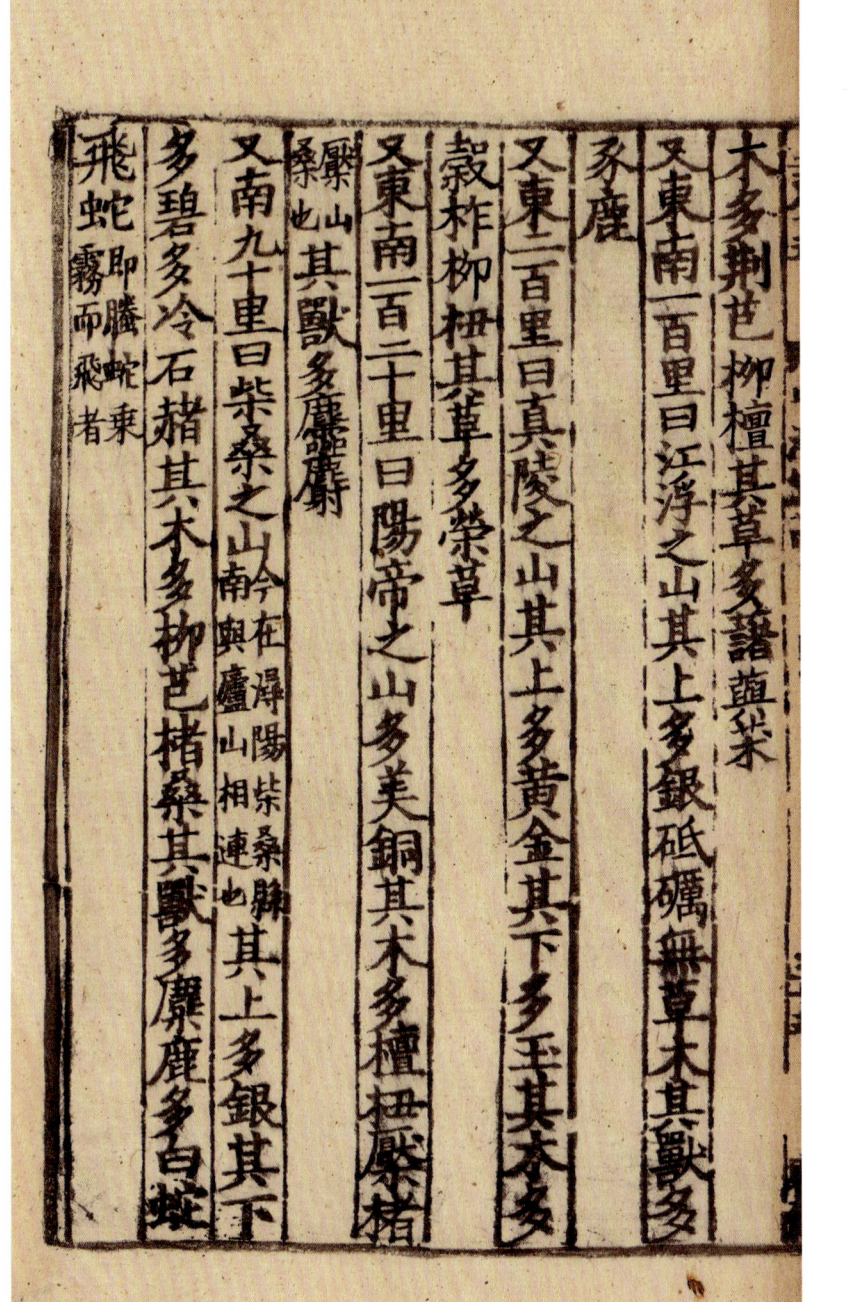

又東南二百三十里曰榮余之山其上多銅其下多銀其木多柳芑其蟲多怪蛇怪蟲

凡洞庭山之首自蔓遇之山至于榮余之山凡十五山二千八百里其神狀皆鳥身而龍首其祠毛用一雄雞一牝豚刏（刏亦割刺之名）糈用稌凡夫夫之山即公之山堯山陽帝之山皆冢也其祠皆肆瘞（肆陳之也陳牲玉而後埋藏之）祈用酒毛用少牢嬰毛一吉玉洞庭榮余山神也其祠皆肆瘞（肆竟然後依前埋之也）祈酒太牢祠嬰用圭璧十五五彩惠之（惠猶飾也方言耳）

右中經之山志大凡百九十七山二萬一千三百七十

一里大凡天下名山五千三百七十居地大凡六萬四千五十六里

禹曰天下名山經五千三百七十山六萬四千五十六里居地也言其五臧蓋其餘小山甚衆不足記云天地之東西二萬八千里南北二萬六千里出水之山者八千里受水者八千里出銅之山四百六十七出鐵之山三千六百九十此天地之所分壤樹穀也戈矛之所發也刀鎩之所起也能者有餘拙者不足封於太山禪於梁父七十二家得失之數皆在此内是謂國用管子地數云封禪之王七十二家也

右五臧山經五篇大凡一萬五千五百三字

海外南經第六

郭氏傳

地之所載六合之間（四方上下為六合也）四海之內照之以日月經之以星辰紀之以四時要之以太歲神靈所生其物異形或夭或壽唯聖人能通其道（言自非窮理盡性者則不能原極其情變）

海外自西南陬至東南陬者（陬猶隅也音騶）

結匈國在其西南其為人結匈（臆前胅出如人結喉也）南山在其東南自此山來蟲為蛇蛇號為魚（以蟲為蛇以蛇為魚）一曰南山在結匈東南比翼鳥在其東其為鳥青赤（似鳧）兩鳥比翼一曰在南山東

羽民國在其東南其為人長頭身生羽（能飛不能遠卵生畫似仙人也）

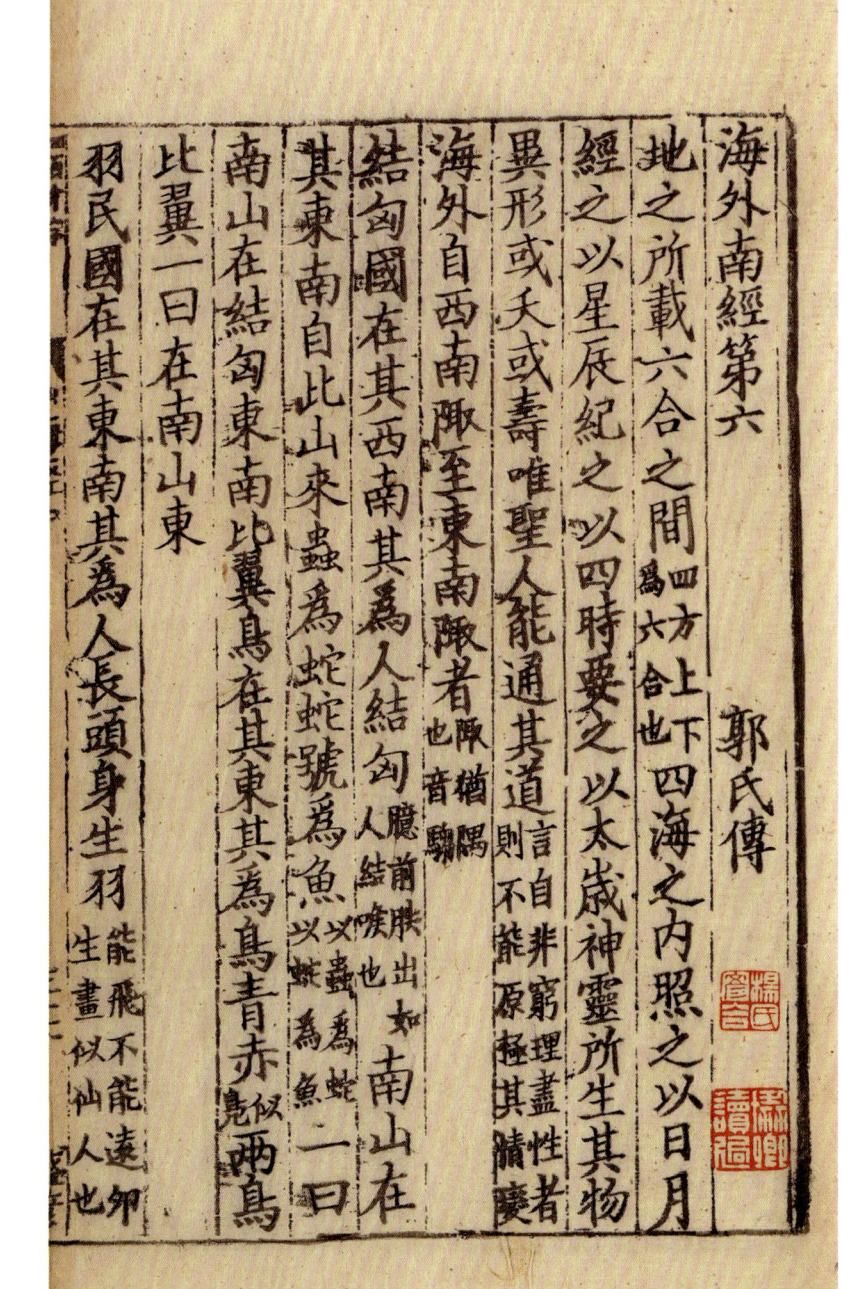

一曰在比翼鳥東南其爲人長頰啓筮曰羽民之狀鳥喙赤目而白首有
神人二八連臂爲帝司夜於此野晝隱夜見在羽民東其爲
人小頰赤肩當胛上正赤也盡十六人疑此後人所增益語耳畢方鳥在
其東青水西其爲鳥人面一脚一曰在二八神東
讙頭國在其南其爲人人面有翼鳥喙方捕魚讙兜堯臣有罪
自投南海而死帝憐之使其子居南海而祠之畫亦似仙人也一曰在畢方東或曰讙
朱國
厭火國在其國南獸身黑色生火出其口中言能吐火畫似獼猴
而黑色也一曰在讙朱東
三株樹在厭火北生赤水上其爲樹如栢葉皆爲珠一

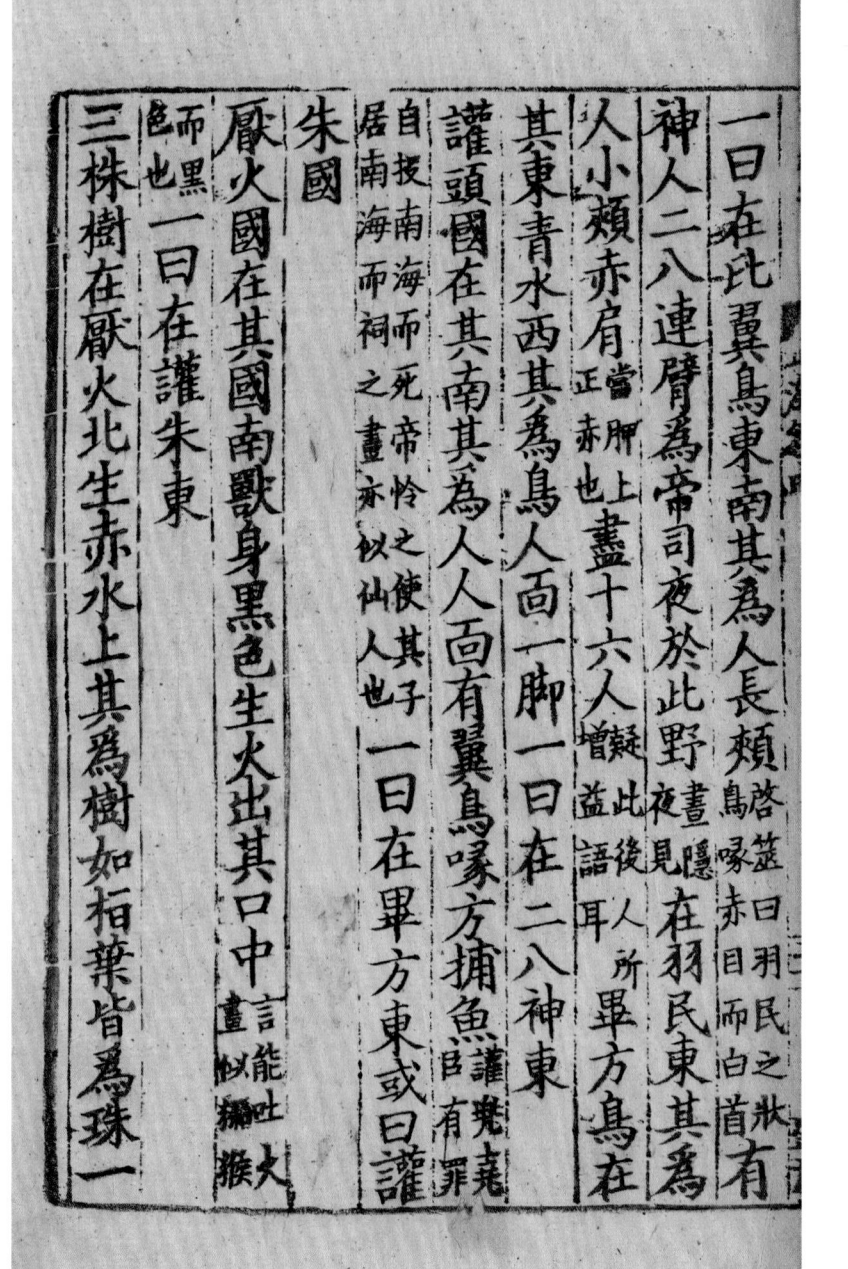

曰其爲樹若彗（如彗星狀）

三苗國在赤水東其爲人相隨（昔堯以天下讓舜三苗之君非之帝殺之有苗之民叛入南海爲三苗國）一曰三毛國

㦸國在其東（音秩亦音替）其爲人黄能操弓射蛇（大荒經云此國自然有五穀衣服）一曰㦸國在三毛東

貫匈國在其東其爲人匈有竅（尸子曰四夷之民有貫匈者有深目者有長肱者黄帝之德甞致之異物志曰穿匈之國去其衣則無自然者蓋似効此貫匈人也）一曰在㦸國東

交脛國在其東其爲人交脛（言脚脛曲戾相交所謂雕題交趾者也或作頸其爲人交頭而行也）一曰在穿匈東

不死民在其東其爲人黒色壽不死有員丘山上有不死樹食之乃壽亦有赤泉飲之不老一曰在穿匈國東

歧舌國在其東其人舌皆歧或云支舌也一曰在不死民東

崑崙墟在其東墟四方墟山下基也一曰在歧舌東爲墟四方

羿與鑿齒戰於壽華之野羿射殺之在崑崙墟東羿持弓矢鑿齒持盾鑿齒亦人也齒如鑿長五六尺因以名云一曰戈未詳

三首國在其東其爲人一身三首一曰在鑿齒東

周饒國在其東其爲人短小冠帶其人長三尺穴居能爲機巧有五穀也一曰焦僥國在三首東外傳云焦僥民長三尺短之至也詩含神霧曰從中州以東西千萬里得焦僥國人長一尺五寸也

長臂國在其東捕魚水中兩手各操一魚舊說云其人手下垂至地魏黃初中玄菟太守王頎討高句麗王宮窮追之過沃沮國其東界臨大海近日之所出問其耆老海東復有人否云嘗在海中得一布褶身如中人衣兩袖長三丈即此長臂人衣也一曰在焦僥東捕魚海中

狄山帝堯葬于陽呂氏春秋曰堯葬穀林今陽城縣西東阿縣城次鄉中諸陽縣湘陵南皆有堯冢帝嚳葬于陰嚳堯父號高辛今冢在頓丘縣城南臺陰野中也音話爰有熊羆文虎彫虎也尸子曰中黃伯余左執太行之獶而右搏雕虎也蜼豹蜼獼猴類離朱木名也見莊子今圖作赤鳥視肉聚肉形如牛肝有兩目也食之無盡尋復更生如故吁咽所未詳也文王皆葬其所今文王墓在長安鄗聚社中案帝王冢墓皆有定處而山海經往往復見之者蓋以聖人久於其位仁化廣及恩洽鳥獸至於殂亡四海若喪考妣無思不哀故絕域殊俗之人聞天子崩各

自立坐而緐䠊哭泣起土爲冢是以所在有焉亦然漢氏諸遠郡國皆有天子廟此其遺象也

一曰湯山一曰爰有熊羆文虎蜼豹離朱鴟久鵰久鵂鶹之屬視肉虖交所未詳也其范林方三百里言林木氾濫布衍也

南方祝融獸身人面乘兩龍火神也

海外西經第七

郭氏傳

海外自西南陬至西北陬者

滅蒙鳥在結匈國北爲鳥青赤尾

大運山高三百仞在滅蒙鳥北

大樂之野夏后啓於此儛九代（九代馬名儛謂盤作之令儛也）乘兩龍雲蓋三層（層猶重也）左手操翳（羽葆幢也）右手操環（玉空邊等爲環）佩玉璜（半璧曰璜）在大運山北（歸藏鄭母經曰夏后啓筮御飛龍登于天吉明啓亦仙也）一曰大遺之野（大荒經云大穆之野）

三身國在夏后啓北一首而三身

一臂國在其北一臂一目一鼻孔有黃馬虎文一目而一手

奇肱之國（或作弘，奇音羈）在其北。其人一臂三目，有陰有陽，乘文馬（陰在上，陽在下。文馬即吉良也）。有鳥焉，兩頭，赤黄色，在其旁（其人善爲機巧，以取百禽；能作飛車，從風遠行。湯時得之於豫州界中，即壞之，不以示人。後十年西風至，復作遣之）。

形天與帝至此爭神，帝斷其首，葬之常羊之山，乃以乳爲目，以臍爲口，操干戚以舞（干，盾；戚，斧也。是爲無首之民）。

女祭、女戚在其北，居兩水間。戚操魚䱉（䱉，魚屬），祭操俎（肉几）。

鴜鳥、鸇鳥（次、瞻兩音），其色青黄，所經國亡（此應禍之鳥，即今梟、鵂鶹之類）。在女祭北。鴜鳥人面，居山上。一曰維鳥，青鳥、黄鳥所集。

丈夫國在維鳥北，其爲人衣冠帶劒（殷帝大戊使王孟採藥，從西王母至此，絶粮，不能進，食木實，衣木皮，終身無妻，而生二子，從形中出，其父即死，是爲丈夫民）。

女丑之尸生而十日炙殺之在丈夫北以右手鄣其面
蔽面十日居上女丑居山之上
巫咸國在女丑北右手操青蛇左手操赤蛇在登葆山
群巫所從上下也采藥往來
并封在巫咸東其狀如彘前後皆有首黑今弩弦蛇亦此類也
女子國在巫咸北兩女子居水周之有黃池婦人入浴出即懷妊矣若生男子三歲輒死周猶繞也離騷曰水周於堂下也一曰居一門中
軒轅之國在此窮山之際其不壽者八百歲其國在山南邊也大荒經曰岷山之南在女子國北人面蛇身尾交首上窮山在其
北不敢西射畏軒轅之丘言敬畏黃帝威靈故不敢向西而射也在軒轅

國北其丘方四蛇相繞繚繞樛纆此諸夭之野夭音沃鸞鳥自歌鳳鳥自舞鳳皇卵民食之甘露民飲之所欲自從也言滋味無不有所願得自在此謂天野也百獸相與群居在四蛇北其人兩手操卵食之兩鳥居前導之

龍魚陵居在其北狀如狸或曰龍魚似狸一角一曰鰕音遐即有神聖乘此以行九野九域之野一曰鼇魚在夭野北其爲魚也如鯉鼇音惡横也

白民之國在龍魚北白身被髮言其人體洞白有乘黄其狀如狐其背上有角乘之壽二千歲周書曰白民乘黄似狐背上有兩角即飛黄也淮南子曰天下有道飛黄伏皂

肅慎之國在白民北有樹名曰雄(或作雒)常先入代帝於此取之(其俗無衣服中國有聖帝代立者則此木生皮可衣也)

長股之國在雄常北被髮(國在赤水東也長臂人身如中人而臂長二丈以類推之則此人脚過三丈矣黃帝時至或曰長脚人常負長臂人入海中捕魚也)一曰長脚(或曰有喬國今伎家喬人蓋象此身)

西方蓐收左耳有蛇乘兩龍(金神也人面虎爪白毛執鉞見外傳)

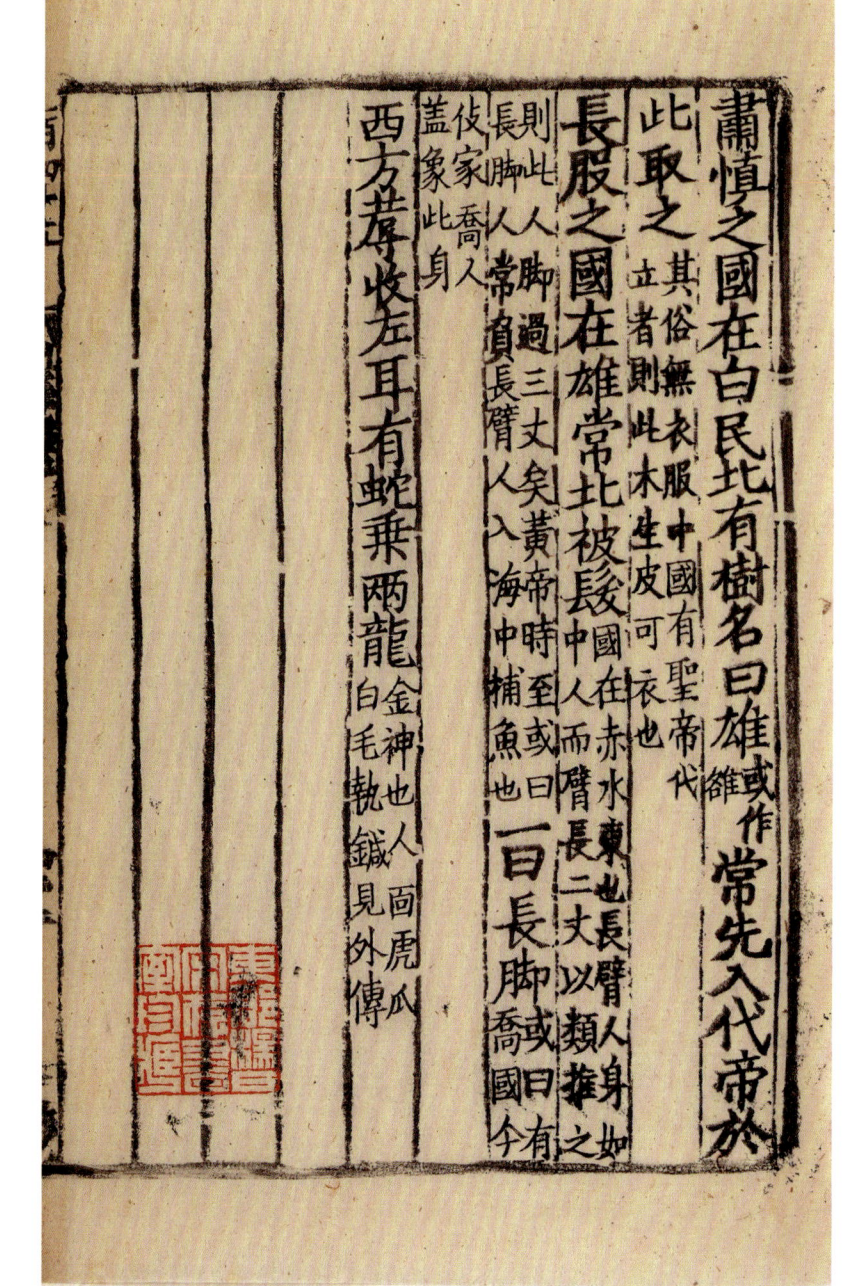

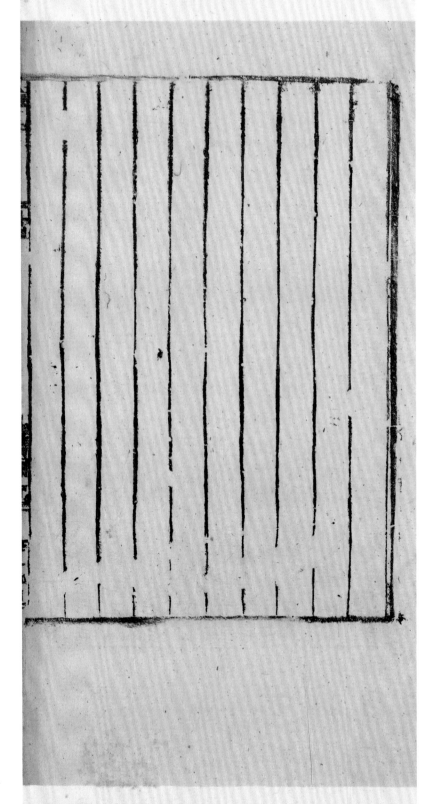

海外北經第八　郭氏傳

海外自東北陬至西北陬者

無䏿之國（音啓或作綮）在長股東爲人無䏿（䏿肥腸也其人穴居食土無男女死即埋之其心不朽死百廿歲乃復更生）

鍾山之神名曰燭陰（燭龍也是燭九陰因名云）視爲晝瞑爲夜吹爲冬呼爲夏不飲不食不息息爲風（息氣息也）身長千里在無䏿之東其爲物人面蛇身赤色居鍾山下（淮南子曰龍身一足）

一目國在其東一目中其面而居一曰有手足

柔利國在一目東爲人一手一足反膝曲足居上（一脚一手反卷曲也）一云留利之國人足反折

共工之臣曰相柳氏共工霸九州者九首以食于九山頭各自食一山之物言貪暴難饜相柳之所抵厥爲澤谿抵觸厥抵也音厥禹殺相柳其血腥不可以樹五穀種禹厥之三仞三沮掘塞之而上三沮滔言其血膏浸潤壞地乃以爲衆帝之臺言地潤濕唯可積土以爲臺觀在崑崙之北此崑崙山在海外者柔利之東相柳者九首人面蛇身而青不敢北射畏共工之臺臺在其東臺四方隅有一蛇虎色首衝南方衝猶向也

深目國在其東爲人舉一手一目一作曰在共工臺東

無腸之國在深目東一作南其爲人長而無腸爲人長大腹內無腸所食之物直通過

聶耳之國在無腸國東使兩文虎爲人兩手聶其耳言耳長行則以手攝持之也音諾頰反縣居海水中縣猶邑也及水所出入奇物言盡規有之兩虎在其東

夸父與日逐走入日言及日於將入也逐音冑渴欲得飲飲於河渭河渭不足北飲大澤未至道渴而死弃其杖化爲鄧林夸父者蓋神人之名也其能及日景而傾河渭豈以走飲哉寄用於走飲耳幾乎不疾而速不行而至者矣此以一體爲萬殊存亡代謝寄鄧林而遯形悪得尋其靈化哉

博父國在聶耳東其爲人大右手操青蛇左手操黄蛇鄧林在其東二樹木一曰博父禹所積石之山在其東河水所入河出崑崙而潜行地下至葱嶺復出注盬澤從盬澤復行南出於此山而爲中国河遂注

海也書曰導河積石言時有壅塞故導利以通之

拘纓之國在其東一手把纓言其人常以一手持冠纓也或曰纓宜作癭一曰

利纓之國尋木長千里在拘纓南生河上西北

跂踵國在拘纓東音企其爲人大兩足亦大其人行腳跟不著地也孝經鉤命訣曰焦僥跂踵重譯款塞也一曰大踵

歐絲之野在大踵東一女子跪據樹歐絲言噉桑而吐絲蓋蠶類也

三桑無枝在歐絲東其木長百仞無枝言皆長百仞也

范林方三百里在三桑東洲環其下洲水中可居者環繞也

務隅之山帝顓頊葬于陽顓頊號爲高陽家今在濮陽故帝丘也一曰頓丘縣城門外廣陽里中九嬪葬于陰嬪婦一曰爰有熊羆文虎離朱鴟久

視肉

平丘在三桑東爰有遺玉（遺玉玉石）青鳥視肉楊柳甘柤（其樹枝幹皆赤黃華白葉黑實呂氏春秋曰其山之東有甘柤焉音如柤梨之柤）甘華（亦赤枝幹黃華）百果所生在兩山夾上谷二大丘居中名曰平丘

北海內有獸其狀如馬名曰騊駼（陶塗兩音見爾雅）有獸焉其名曰駮狀如白馬鋸牙食虎豹（周書曰義渠茲白茲白若白馬鋸牙食虎豹案此二說與爾雅同）有素獸焉狀如馬名曰蛩蛩（即蛩蛩鉅虛也一走百里見穆天子傳音卬）有青獸焉狀如虎名曰羅羅

北方禺彊人面鳥身珥兩青蛇踐兩赤蛇（字玄冥水神也莊周曰禺彊立於北極一曰禺京一本云北方禺彊黑身手足乘兩龍一

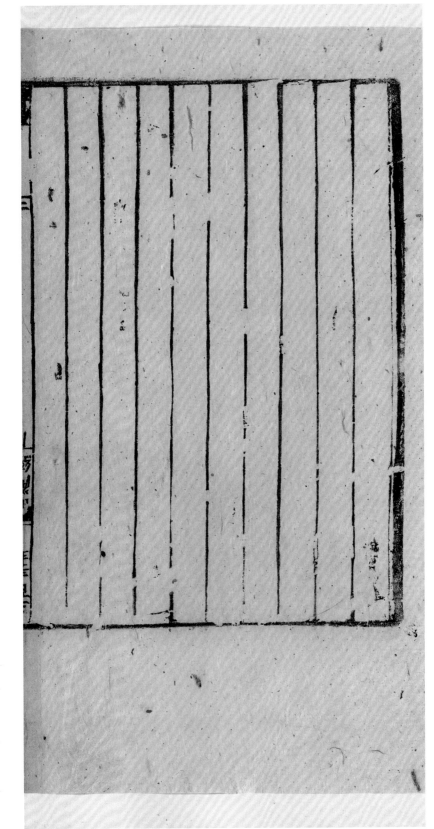

海外東經第九

郭氏傳

海外自東南陬至東北陬者

䑌丘音嗟或作發爰有遺玉青馬視肉楊柳甘柤甘華甘果所生在東海兩山夾丘上有樹木一曰嗟丘一曰百果所在在堯葬東

大人國在其北為人大坐而削船一曰在䑌丘北

奢比之尸在其北亦神名也獸身人面大耳珥兩青蛇珥以蛇貫耳也音釣餌之餌一曰肝榆之尸在大人北

君子國在其北衣冠帶劒食獸使二大虎在旁其人好讓不爭有薰或作堇華草朝生夕死一曰在肝榆之尸北

𧈢𧈢在其北（音虹）各有兩首（虹螮蝀也）一曰在君子國北
朝陽之谷神曰天吳是爲水伯在𧈢𧈢北兩水間其爲
獸也八首人面八足八尾皆青黃（大荒東經言十尾）
青丘國在其北（其人食五穀衣絲帛）其狐四足九尾一曰在朝陽北（汲郡竹書曰柏杼子征于東海及三壽得一狐九尾即此類也）
帝命豎亥步自東極至于西極五億十選（豎亥健行人選萬也）九
千八百步豎亥右手把筭左手指青丘北一曰禹令
豎亥一曰五億十萬九千八百步（詩含神霧曰天地東西二億三萬三千里南北二億一千五百里天地相去一億五萬里）
黑齒國在其北（東夷傳曰倭國東四千餘里有裸國裸國東南有黑齒國知行一年可至也異

物志云西屠染齒亦以放此人爲人黑食稻啖蛇一赤一青一作一青蛇在其旁

一曰在豎亥北爲人黑手食稻使蛇其一蛇赤下有湯谷谷中水熱也湯谷上有扶桑扶桑木也十日所浴在黑齒北居水中有大木九日居下枝一日居上枝莊周云昔者十日竝出草木焦枯淮南子亦云堯乃令羿射十日中其九日日中烏盡死離騷所謂羿焉畢日烏焉落羽者也歸藏鄭母經云昔者羿善射畢十日果畢之汲郡竹書曰胤甲即位居西河有妖孽十日並出明此自然之異有自來矣傳曰天有十日日之數十此云九日居下枝一日居上枝大荒經又曰一日方至一日方出明天地雖有十日自使以次第迭出運照而今俱見爲天下妖災故羿稟堯之命洞其靈誠仰天控弦而九日潛退也假令器用可以激水烈火精感可以降霜回景然則羿之鑠明離而斃陽烏未足爲難也若搜之常情則無理以然推之以數則無往不通達觀之客宜領其玄致歸之冥會則逸義無滯言奇不廢矣

雨師妾在其北雨師

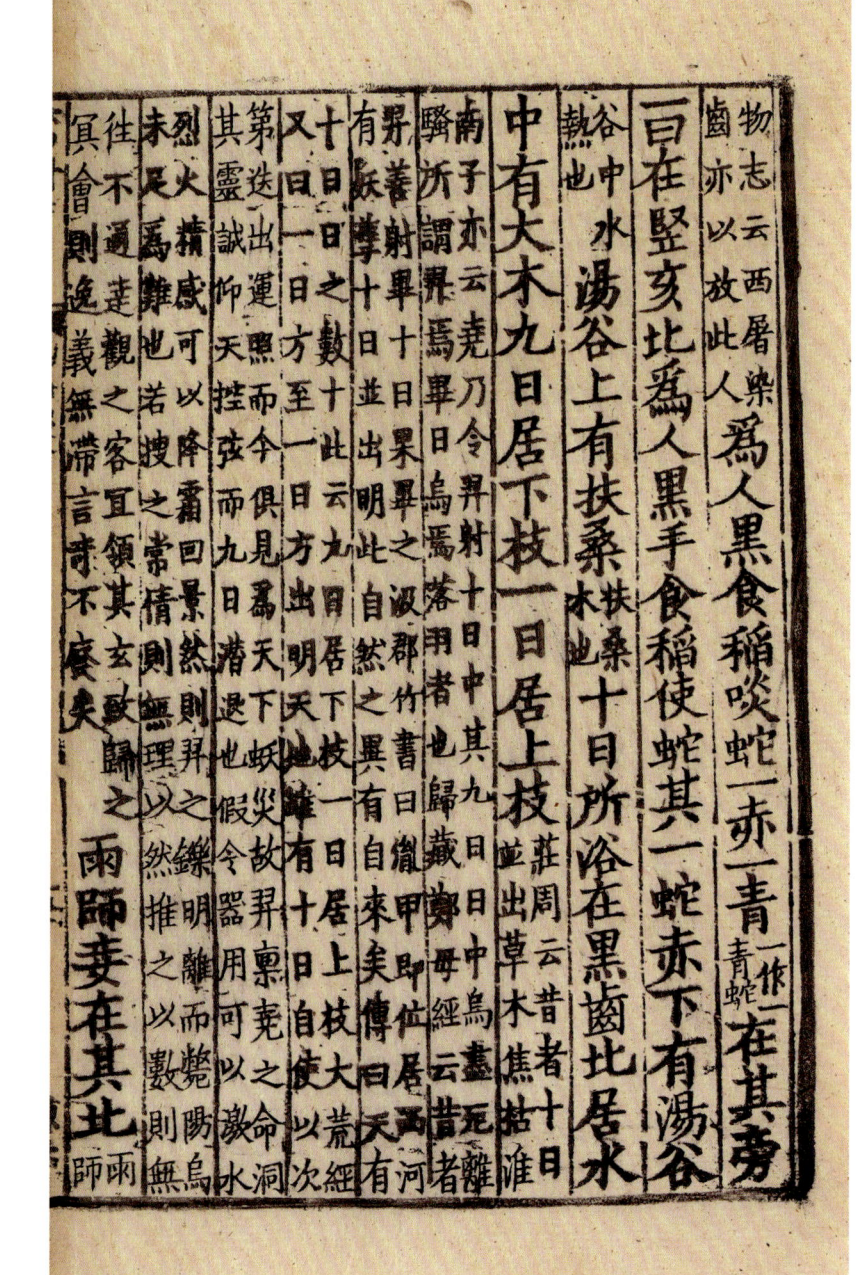

謂屏翳也其爲人黑兩手各操一蛇左耳有青蛇右耳有赤蛇一曰在十日北爲人黑身人面各操一龜

玄股之國在其北髀以下盡黑故云其爲人衣魚以魚皮爲衣也食鷗鷗水鳥也音憂使兩鳥夾之一曰在雨師妾北

毛民之國在其北爲人身生毛今去臨海郡東南二千里有毛人在大海洲島上爲人短小面體盡有毛如猪能穴居無衣服晉永嘉四年吳郡司塩都尉戴逢在海邊得一船上有男女四人狀皆如此言語不通送詣丞相府未至道死唯有一人在上賜之婦生子出入市井漸曉人語自說其所在是毛民也大荒經云毛民食黍者是矣一曰在玄股北

勞民國在其北其爲人黑食果草實也有一鳥兩頭或曰教民一曰在毛民北爲人面目手足盡黑

東方句芒鳥身人面乘兩龍木神也方面素服墨子曰昔秦穆公有明德上帝使句芒賜之壽十九年

建平元年四月丙戌待詔太常屬臣望校治侍中光祿勳臣龔侍中奉車都尉光祿大夫臣秀領主省

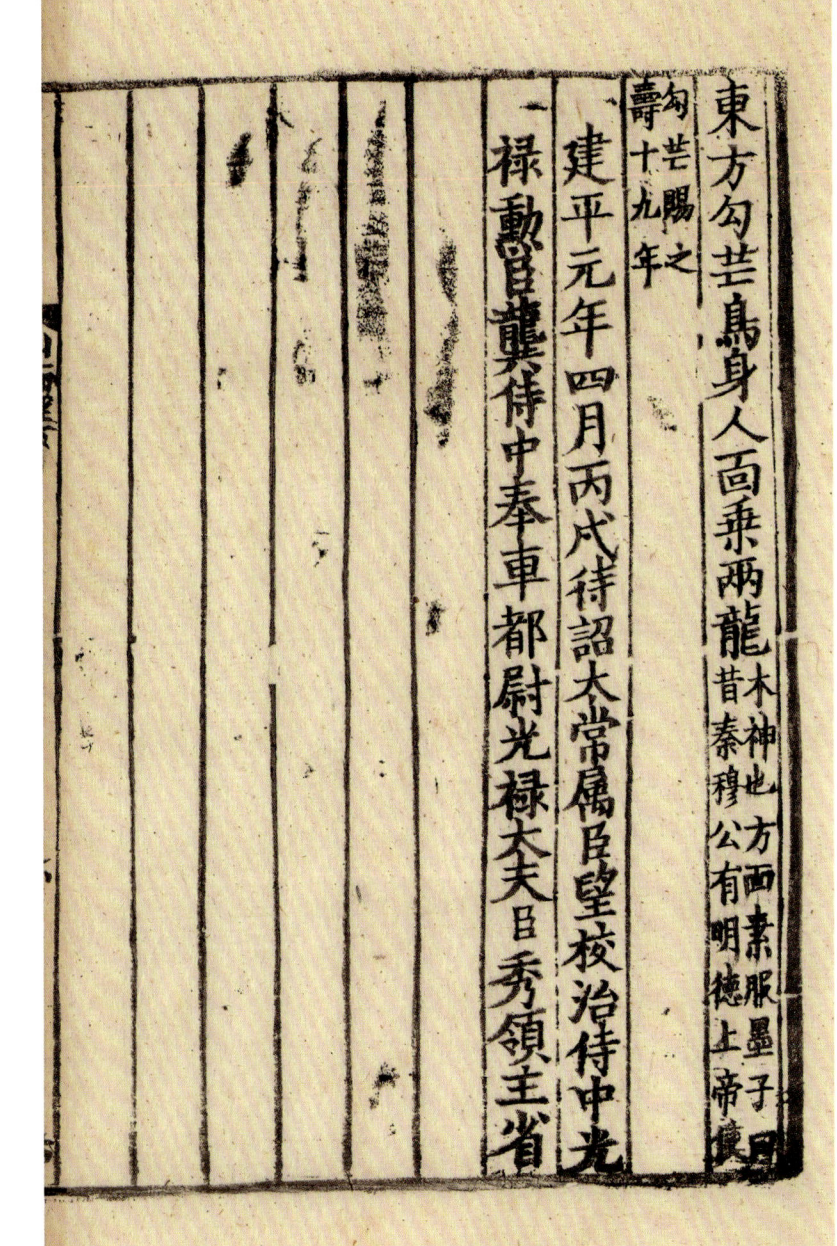

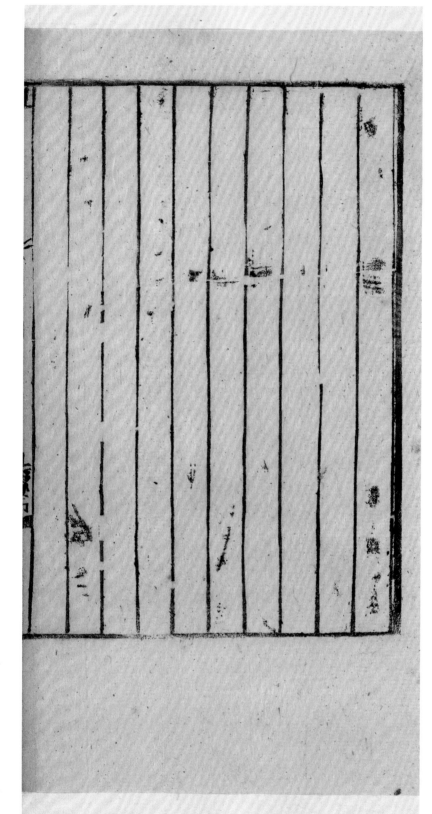

海內南經第十

郭氏傳

海內東南陬以西者從南頭起之也

甌居海中今臨海永寧縣即東甌在岐海中也音嘔閩在海中音旻其西北有山閩越即西甌今建安郡是也亦在岐海中一曰閩中山在海中

三天子鄣山音章在閩西海北今在新安歙縣東今謂之三王山浙江出其邊也張氏土地記曰東陽永康縣南四里有石城山上有小石城云黃帝曾遊此即三天子都也一曰在海中

桂林八樹在番隅東八樹而成林言其大也番隅今番隅縣

伯慮國未詳離耳國鎪離其耳分令下垂以爲飾即儋耳也在朱崖海渚中不食五穀但噉蚌及藷藇也彫題國黥涅其面畫體爲鱗采即鮫人也北朐國未詳音劬皆在鬱水南鬱水出湘陵南山一曰相慮

梟陽國在北朐之西其爲人人面長唇黑身有毛反踵見人笑亦笑左手操管周書曰州靡髴髴者人身反踵自笑笑則上脣揜其面爾雅亦云髴髴大傳曰周書成王時州靡國獻之海内經謂之贛巨人今交州南康郡深山中皆有此物也長丈許脚跟反向健走被髮好笑雌者能作汁灑中人即病土俗呼爲山都南康今有贛水以有此人因以名水猶大荒説地有蜮人人因號其山爲蜮山亦此類也

兕在舜葬東湘水南其狀如牛蒼黑一角

蒼梧之山帝舜葬于陽即九疑山也禮記亦曰舜葬蒼梧之野也帝丹朱葬于陰今丹陽縣復有丹朱冢也竹書亦曰后稷放帝朱于丹水與此義符丹朱稱帝者猶漢山陽公死加獻帝之謚也

氾林方三百里在狌狌東或作猩猩字同耳

狌狌知人名其爲獸如豕而人面周書曰鄭郭狌狌者狀如黃狗而人面頭如雄雞食之不眯今交趾封溪出狌

[狌土俗人說云狀如豚而復似狗聲如小兒啼也]在舜葬西

狌狌西北有犀牛其狀如牛而黑[犀牛似水牛猪頭在狌狌知人名之西北庳脚三角]

夏后啓之臣曰孟涂是司神于巴人[聽其獄訟爲之神主]請訟于孟涂之所[今斷之也]其衣有血者乃執之[不直者則血見于衣]是請生[言好生也]居山上在丹山西丹山在丹陽南丹陽居屬也[今建平郡丹陽城秭歸縣東七里即孟涂所居也]

窫窳龍首居弱水中在狌狌知人名之西其狀如龍首食人[窫窳本蛇身人面爲貳負臣所殺復化而成此物也]

有木其狀如牛[河圖玉版說芝草樹生或如車馬或如龍蛇之狀亦此類也]引之有皮若纓黃蛇[言牽之皮剝如人冠纓及黃蛇狀也]其葉如羅[如綾羅也]其實如欒[欒木名黃本赤枝青葉生雲雨山或作卯]

或作麻音䕠其木若蓲蓲亦木名未詳其名曰建木在窫窳西弱水上建木青葉紫莖黑花黃實其下聲無響立無影也

氐人國氐音觸抵之抵在建木西其爲人人面而魚身無足盡胷以上人面以下魚也

巴蛇食象三歲而出其骨君子服之無心腹之疾今南方蚦蛇吞鹿鹿已爛自絞於樹腹中骨皆穿鱗甲間出此其類也楚詞曰有蛇吞象厥大何如說者云長千尋其爲蛇青黃赤黑一曰黑蛇青首在犀牛西

旄馬其狀如馬四節有毛穆天子傳所謂豪馬者亦有旄牛在巴蛇西北高山南

匈奴一曰獫狁開題之國音提列人之國並在西北三國並在旄馬西北

海内西經第十一　　郭氏傳

海内西南陬以北者

貳負之臣曰危危與貳負殺窫窳帝乃梏之疏屬之山梏猶繫縛也音活桎其右足桎械反縛兩手與髮并髮合縛之也繫之山上木在開題西北漢宣帝使人上郡發盤石石室中得一人徒裸被髮反縛械一足以問群臣莫能知劉子政案此言對之宣帝大驚於是時人爭學山海經矣論者多以爲是其尸象非真體也意者以靈怪變化論難以理測物稟異氣出於不然不可以常運推不可以近數揆矣魏時有人發故周王冢者得殉女子不死不生數日時有氣數月而能語狀如廿許人送詣京師郭太后愛養之恒在左右十餘年太后崩此女哀思哭泣一年餘而死即此類也

大澤方百里群鳥所生及所解百鳥於此生乳解氄毛羽在鴈門北

鴈門山鴈出其閒在高柳北

高柳在代北

后稷之葬山水環之在廣都之野在氐國西

流黄酆氏之國中方三百里言國城内有塗四方中有山塗道

在后稷葬西

流沙出鐘山西行又南行崑崙之墟西南入海黑水之山今西海居延澤尚書所謂流沙者形如月生五日也

東胡在大澤東

夷人在東胡東

貊國在漢水東北今扶餘國即濊貊故地在長城北去玄菟千里出名馬赤玉貂皮大珠如

酸棗也地近于燕滅之孟鳥亦鳥名也在貊國東北其鳥文赤黃青東鄉

海內崑崙之墟在西北言海內者明海外復有崑崙山帝之下都崑崙之墟方八百里高萬仞皆謂其虛基廣輪之高庳耳自此以上二千五百餘里上有醴泉華池去嵩高五萬里蓋天地之中也見禹本紀上有木禾長五尋大五圍木禾穀類也生黑水之阿可食見穆天子傳面有九井以玉為檻檻欄面有九門門有開明獸守之百神之所在在八隅之巖在巖間也赤水之際非仁羿莫能上岡之巖言非仁人及有才藝如羿者不能得登此山之岡嶺巉巖也羿嘗請藥西王母亦言其得道也羿或作聖

赤水出東南隅以行其東北西南流注南海厭火東

河水出東北隅以行其北西南又入渤海又出海外即西而北入禹所導積石山禹治水復決疏出之故云導河積石

洋水音翔黑水出西北隅以東東行又東北南入海羽民南弱水青水出西南隅以東又北又西南過畢方鳥東西域傳烏弋國去長安萬五千餘里西行可百餘日至條枝國臨西海長老傳聞有弱水西王母云東夷傳亦曰長城外數千里亦有弱水皆所未見也淮南子云弱水出窮石窮石今之西郡刪丹蓋其派別之源耳

崑崙南淵深三百仞靈淵開明獸身大類虎而九首身或作直皆人面東嚮立崑崙上天獸也銘曰開明爲獸稟資乾精瞪視崑崙威震百靈

開明西有鳳皇鸞鳥皆戴蛇踐蛇膺有赤蛇

開明北有視肉珠樹文玉樹五彩玉樹玕琪樹玕琪赤玉屬也吳天璽元

年臨海郡東五疇在海水際得石樹高三尺餘莖葉紫色詰曲傾靡有光彩即玉樹之類也于其兩音不死

樹言常生也鳳皇鸞鳥皆戴瞂盾也音戈又有離朱木禾柏樹甘

水即醴泉也聖木食之令人智聖也曼兌未詳一曰挺木牙交淮南作璇樹璇

玉類也

開明東有巫彭巫抵巫陽巫履巫凡巫相皆神醫也世本曰巫彭作醫楚詞曰帝告巫陽夾窫窳之尸皆操不死之藥以距之為距却死氣求更生

窫窳者蛇身人面貳負臣所殺也

服常樹其上有三頭人伺琅玕樹服常木未詳郎玕子似珠爾雅曰西北之美者有崑崙之琅玕焉莊周曰有人三頭遞卧遞起以伺琅玕與玕琪子謂此人也

開明南有樹鳥六首蛟蛟似蛇四脚龍類也蝮蛇蜼豹鳥秩樹木名

未詳於表池樹木言列樹以表池即華池也誦鳥鳥名形未詳也鶽雕也穆天子傳曰爰有白鶽青鵰音竹筍之筍視肉

海内北經第十二　郭氏傳

海内西北陬以東者

蛇巫之山上有人操杯而東向立一曰龜山（杯或作棓字同）

西王母梯几而戴勝杖（梯謂憑也）其南有三青鳥爲西王母取食（又有三足烏主給使）在崑崙虚北有人曰大行伯把戈其東有犬封國（昔盤瓠殺戎王高辛以美女妻之不可以訓乃浮之會稽東南海中得三百里地封之生男爲狗女爲美人是爲狗封之民也）貳負之尸在大行伯東

犬封國曰犬戎國（黄帝之後卞明生白犬二頭自相牝牡遂爲此國）狀如犬（言狗國也）有一女子方跪進柸食（與狗食也）有文馬縞身朱鬣（色白如縞）目若黄金名曰吉量（量或作良）乘之壽千歲（周書曰犬戎文馬赤鬣白身目

若黃金名曰吉黃之乘成王時獻之六韜曰文身朱鬛眼若黃金項若雞尾名曰雞斯之乘大傳曰駮身朱鬣雞目山海經亦有吉黃之乘壽千歲者惟名有不同說有小錯其實一物耳今博舉之以廣異聞也

鬼國在貳負之尸北爲物人面而一目一曰貳負神在其東爲物人面蛇身

蜪犬如犬青〔音陶〕食人從首始〔或作蚼音鉤〕

窮奇狀如虎有翼〔毛如蝟〕食人從首始所食被髮在蜪犬北一曰從足

帝堯臺帝嚳臺帝丹朱臺帝舜臺各二臺臺四方在崑崙東北〔此蓋天子巡狩所經過夷狄慕聖人恩德輙共爲築立臺觀以標顯其遺跡也一本云所殺相栁也腥臊不可種五穀以爲衆帝之臺〕

大蠭其狀如螽朱蛾其狀如蛾蛾蚍蜉也楚詞曰玄蜂如壺赤蛾如象謂此也

蟜其爲人虎文脛有膂言脚有膊腸也音橋在窮奇東一曰狀如

人崑崙虛北所有此目上物事也

闒非人面而獸身青色音榻

據比一云掾比之尸其爲人折頸被髮無一手

環狗其爲人獸首人身一曰蝟狀如狗黃色

袜其爲物人身黑首從目神即魅也

戎其爲人人首三角

林氏國有珍獸大若虎五彩畢具尾長於身名曰騶吾

乘之日行千里六韜云紂囚文王閎夭之徒詣林氏國求得此獸獻之紂大說乃釋之周書曰

夾林酋耳酋耳若虎尾參於身食虎豹大傳謂之侄獸吾宜作麌也

崑崙虛南所有氾林方三百里

從極之淵深三百仞維冰夷恒都焉冰夷馮夷也淮南云馮夷得道以潛大川即河伯也穆天子傳所謂河伯無夷者竹書作馮夷字或作冰也冰夷人面乘兩龍畫四面各乘靈車駕二龍一曰忠極之淵陽汙之山河出其中凌門之山河出其中皆河之枝源所出之處也

王子夜之尸兩手兩股胷首齒皆斷異處此蓋形解而神連皃乖而氣合合不爲密離不爲疎

舜妻登比氏生宵明燭光即二女字也以能光照因名云處河大澤澤河邊溢漫處二女之靈能照此所方百里言二女神光所燭及者方百里一曰

登北氏

蓋國在鉅燕南倭北倭屬燕（倭國在帶方東大海內以女爲王其俗露紒衣服無針功以丹朱塗身不姤忌一男子數十婦也）

朝鮮在列陽東海北山南列陽屬燕（朝鮮今樂浪縣箕子所封也列亦水名也今在帶方帶方有列口縣）

列姑射在海河洲中（山名也山有神人河洲在海中河水所經者莊子所謂藐姑射之山也）

姑射國在海中屬列姑射西南山環之大蟹在海中（蓋千里蟹也）

陵魚人面手足魚身在海中

大鯾居海中（鯾即魴魚也音鞭）

明組邑居海中音祖

蓬萊山在海中上有仙人宫室皆以金玉爲之鳥獸盡白望之如雲在渤海中也

大人之市在海中

海內東經第十三

郭氏傳

海內東北陬以南者

鉅燕在東北陬

國在流沙中者埻端音敦璽㬇音喚或作繭㬇在崑崙墟東南一曰海內之郡不爲郡縣在流沙中

國在流沙外者大夏大夏國城方二三百里分爲數十國地和溫宜五穀豎沙居繇音遥月支之國月支國多好馬美果有大尾羊如驢尾即䍽羊也小月支天竺國皆附庸云

西胡白玉山在大夏東蒼梧在白玉山西南皆在流沙西崑崙墟東南崑崙山在西胡西皆在西北地理志崑崙山在臨羌西又有西王母祠也

雷澤中有雷神龍身而人頭鼓其腹在吴西（今城陽有堯冢靈臺雷澤在北也河圖曰大迹在雷澤華胥履之而生伏羲）

都州在海中一曰郁州（今在東海朐縣界世傳此山自蒼梧從南徙來上皆有南方物也郁音鬱）

琅邪臺在渤海間琅邪之東（今琅邪在海邊有山嶕嶢特起狀如高臺此即琅邪臺也琅邪者越王勾踐入霸中國之所都）其北有山一曰在海間

韓鴈在海中都州南

始鳩在海中轅厲南（國名或曰鳥名也）

會稽山在大楚南岷三江首

大江出汶山（今江出汶山郡升遷縣岷山東南經蜀郡犍爲至江陽東北經巴東建平宜都南郡）

江夏弋陽安豐至盧江南界東北經淮南下邳至廣陵郡入海北江出曼山南江出高山高山在城都西入海在長州南

浙江出三天子都在其東按地理志浙江出新安黟縣南蠻中東入海今錢唐浙江是也黟即歙也浙音折在閩西北入海餘曁南餘曁縣屬會稽今爲永興縣

廬江出三天子都入江彭澤西彭澤今彭蠡也在尋陽彭澤縣一曰天子鄣

淮水出餘山餘山在朝陽東義鄉西入海淮浦北今淮水出義陽平氏縣桐柏山東北經汝南汝陰淮南譙國下邳至廣陵縣入海朝陽縣今屬新野

湘水出舜葬東南陬西環之環繞也今湘水出零陵營道縣陽朔山入江入洞庭下洞庭地穴也在長沙巴陵今吳縣南大湖中有包山下有洞庭穴道潛行水底云無所不通號

(爲地脉)一曰東南西澤

漢水出鮒魚之山(書曰嶓冢導漾東流爲漢案水經漢水出武都沮縣東狼谷經漢中魏興至南鄉東經襄陽至江夏安陸縣入江別爲沔水又爲滄浪之水)帝顓頊葬于陽九嬪葬于陰四蛇衛之(言有四蛇衛守山下)

濛水出漢陽西入江聶陽西(漢陽縣屬朱提)

温水出崆峒崆峒山在臨汾南入河華陽北(今温水在京兆陰盤縣水常温也臨汾縣屬平陽)

潁水出少室少室山在雍氏南入淮西鄢北(今潁水出河南陽城縣乾山東南經潁川汝陰至淮南下蔡入淮鄢今鄢陵縣屬潁川)一曰緱氏(縣屬河南音鈎)

汝水出天息山在梁勉鄉西南入淮極西北(今汝水出南陽魯陽

縣大孟山東北至河南梁縣東南經襄城潁川汝南至汝陰褒信縣入淮淮極地名一曰淮在期思北期思縣屬弋陽

涇水出長城北山山在郁郅長垣北皆縣名也郅音桎北入渭戲北今涇水出安定朝那縣西开頭山東南經新平扶風至京兆高陵縣入渭戲池名今新豐縣也

渭水出鳥鼠同穴山東注河入華陰北鳥鼠同穴山今在隴西首陽縣渭水出其東經南安天水略陽扶風始平京兆弘農華陰縣入河

白水出蜀而東南注江色微白濁今在梓潼白水縣源從臨洮之西西傾山來經沓中東流通陰平至漢壽縣入潛入江州城下江州縣屬巴郡

沅水山出象郡鐔城西象郡今日南也鐔城縣今屬武陵音潭入東注江入下雋西下雋縣今屬長沙音昨兖反合洞庭中水經曰沅水出牂牁且蘭縣又東北

至鐔城縣爲沅水又東過臨沅縣南又東至長沙下雋縣

贛水出聶都東山今贛水出南康南野縣西北音感也東北注江入彭澤西

泗水出吴東北而南西南過湖陵西而東南注東海入淮陰北今泗水出魯國卞縣西南至高平胡陸縣東南經沛國彭城下邳至臨淮下相縣入淮

鬱水出象郡而西南注南海入須陵東南

肄水出臨晉西南音如肄習之肄而東南注海入番禺西番禺縣屬南海越之城下也

潢水出桂陽西北山音黄東南注肄水入敦浦西

洛水出洛西山東北注河入成皋之西書曰道洛自熊耳案水經洛水今出上洛冢嶺山東北經弘農至河南鞏縣入河成皋縣亦屬河南也

汾水出上窳北音愈而西南注河入皮氏南今汾水出太原晉陽故汾陽縣東南經晉陽西南經西河平陽至河東汾陰入河皮氏縣屬平陽

沁水出井陘山東東南注河入懷東南懷縣屬河內河內北有井陘山

濟水出共山南東丘共與恭同絕鉅鹿澤絕猶截度也鉅鹿今在高平注渤海入齊琅槐東北今濟水自滎陽卷縣東經陳留至濟陰北東北至高平東北經齊南至樂安博昌縣入海今碣石也諸水所出又與水經違錯以為凡山川或有同名而異實或同實而異名或一實而數名似是而非以非而是且歷代久遠古今變易語有楚夏名號不同未得詳也

潦水出衛皋東出塞外衛皋山玄菟高句驪縣有潦山小潦水所出西河注大遼音遼東南注渤海入潦陽潦陽縣屬潦東

虖池水出晉陽城南而西至陽曲北而東注渤海經河閒樂

城東北注渤海也晉入越章武北章武郡名
陽陽曲縣皆屬太原

漳水出山陽東東注渤海入章武南新城沂陰縣
亦有漳水

建平元年四月丙戌待詔太常屬臣望校治侍中光
禄勳臣龔侍中奉車都尉光禄大夫臣秀領主省

大荒東經第十四

郭氏傳

東海之外大壑詩含神霧曰東注無底之谷謂此壑也離騷曰降望大壑少昊之國少昊金天氏帝摯之號也少昊孺帝顓頊於此孺義未詳棄其琴瑟言令壑中有琴瑟也有甘山者甘水出焉生甘淵水積則成淵也

大荒東南隅有山名皮母地丘

東海之外大荒之中有山名曰大言日月所出有波谷山者有大人之國晉永嘉二年有鶖鳥集于始安縣南廿里之鶖陂中民周虎張得之木矢貫之鐵鏃其長六尺有半以箭計之其射者人身應長一丈五六尺也又平州別駕高會語云倭國人嘗行遭風吹度大海外見一國人皆長丈餘形狀似胡蓋是長翟別種箭殆將從此國來也外傳曰焦僥人長三尺短之至也長者不過十丈數之極也案河圖玉版曰從崑崙以北九萬里得龍伯國人長三十丈生萬八千歲而

死從崑崙以東得大秦人長十丈皆衣帛從此以東十萬里得佻人國長三十丈五尺從此以東十萬里得中秦國人長一丈穀梁傳曰長翟身橫九畝載其頭眉見於軾即長數丈人也秦時大人見臨洮身長五丈脚跡六尺準斯以言則此大人之長短未可得限度也

有大人之市名曰大人之堂亦山名形狀如堂室耳大人時集會其上作市肆也

有一大人踆其上張其兩耳踆或作俊皆古蹲字莊子曰踆於會稽也

有小人國名靖人詩含神霧曰東北極有人長九寸殆謂此小人也或作竫音同

有神人面獸身名曰犂䰠之尸䰠音靈字

有潏山楊水出焉潏音如譎詐之譎

有蔿國黍食言此國中惟有黍穀也蔿音口偽反使四鳥虎豹熊羆

大荒之中有山名曰合虛日月所出有中容之國帝俊

生中容（俊亦舜字假借音也）中容人食獸木實（此國中有赤木玄木其華實美見呂氏春秋）使四鳥豹虎熊羆

有東口之山有君子之國其人衣冠帶劍（亦使虎豹好謙讓也）

有司幽之國帝俊生晏龍晏龍生司幽司幽生思士不妻思女不夫（言其人直思感而氣通無配合而生子此莊生所謂白鵠相視眸子不運而感風化之類也）食黍食獸是使四鳥

有大阿之山者

大荒中有山名曰明星日月所出

有白民之國帝俊生帝鴻帝鴻生白民白民銷姓黍食使四鳥虎豹熊羆（又有乘黃獸乘之以致壽考也）

有青丘之國有狐九尾（太平則出而爲瑞也）

有柔僕民是維嬴土

之國嬴猶沃衍也音盈有黑齒之國齒如漆也帝俊生黑齒聖人神化無方故其後世所降育多有殊類異狀之人諸言生者多謂其苗裔未必是親所產姜姓黍食使四鳥

有夏州之國有蓋余之國有神人八首人面虎身十尾名曰天吴水伯

大荒之中有山名曰鞠陵于天音菊東極離瞀三山名也音穀瞀日月所出名曰折丹神人東方曰折單吁之來風曰俊未詳來風所在也處東極以出入風言此人能節宣風氣時其出入

東海之渚中渚島有神人面鳥身珥兩黄蛇以蛇貫耳踐兩黄蛇名曰禺䝞黄帝生禺䝞禺䝞生禺京即禺彊也禺京處北海禺䝞處東海是惟海神言分治一海而為神也䝞一本作號

有招摇山融水出焉有國曰玄股自髀以下如漆黍食使四鳥有困民國勾姓而食有人曰王亥兩手操鳥方食其頭王亥託于有易河伯僕牛河伯僕牛皆人姓名託寄也見汲郡竹書有易殺王亥取僕牛竹書曰殷王子亥賓于有易而淫焉有易之君綿臣殺而放之是故殷上甲微假師于河伯以伐有易滅之遂殺其君綿臣也河念有易有易潛出爲國於獸方食之名曰摇民言有易本與河伯友善上甲微殷之賢王假師以義伐罪故河伯不得不助滅之既而哀念有易使得潛化而出化爲摇民國帝舜生戲戲生摇民海内有兩人此乃有易所化作也名曰女丑即女丑之尸言其變化無常也然則一以涉化津而遯神域者亦無往而不之觸感而寄迹矣范蠡之倫亦聞其風者也女丑有大蟹廣千里也

大荒之中有山名曰孽摇頵羝上有扶木柱三百里其

葉如芥（柱猶起高也葉似芥菜）有谷曰溫源谷（溫源即湯谷也）湯谷上有
扶木（扶桑在上）一日方至一日方出（言交會相代也）皆載於烏（中有三足）
烏有神人面大耳獸身珥兩青蛇名曰奢比尸有五彩
之鳥相鄉棄沙（未聞沙義）惟帝俊下友（亦未聞也）帝下兩壇彩鳥
是司（言山下有舜二壇五彩鳥主之）
大荒之中有山名曰猗天蘇門日月所生有壎民之國
（音如諠譁之諠）有綦山（音忌）又有摇山有䰝山（音如釜甑之甑）又有門戶
山又有盛山又有待山有五彩之鳥
東荒之中有山名曰壑明俊疾日月所出有中容之國
東北海外又有三青馬三騅（馬蒼白雜毛為騅）甘華爰有遺

王三青鳥三騅視肉聚肉有眼甘華甘柤百穀所在言自生也有女和月母之國有人名曰鳧音婉北方曰鳧來之風曰狻言亦有兩名也音剡是處東極隅以止日月使無相間出沒司其短長言鳧主察日月出入不令得相間錯知景之短長

大荒東北隅中有山名曰凶犁土丘應龍處南極應龍龍有翼者也殺蚩尤與夸父蚩尤作兵者不得復上應龍遂住地下故下數旱上無復作雨者故也旱而為應龍之狀乃得大雨今之土龍本此氣應自然冥感非人所能為者

東海中有流波山入海七千里其上有獸狀如牛蒼身而無角一足出入水則必風雨其光如日月其聲如雷

其名曰夔黄帝得之以其皮爲鼓橛以雷獸之骨雷獸即雷神也人面龍身鼓其腹者撅猎擊也聲聞五百里以威天下

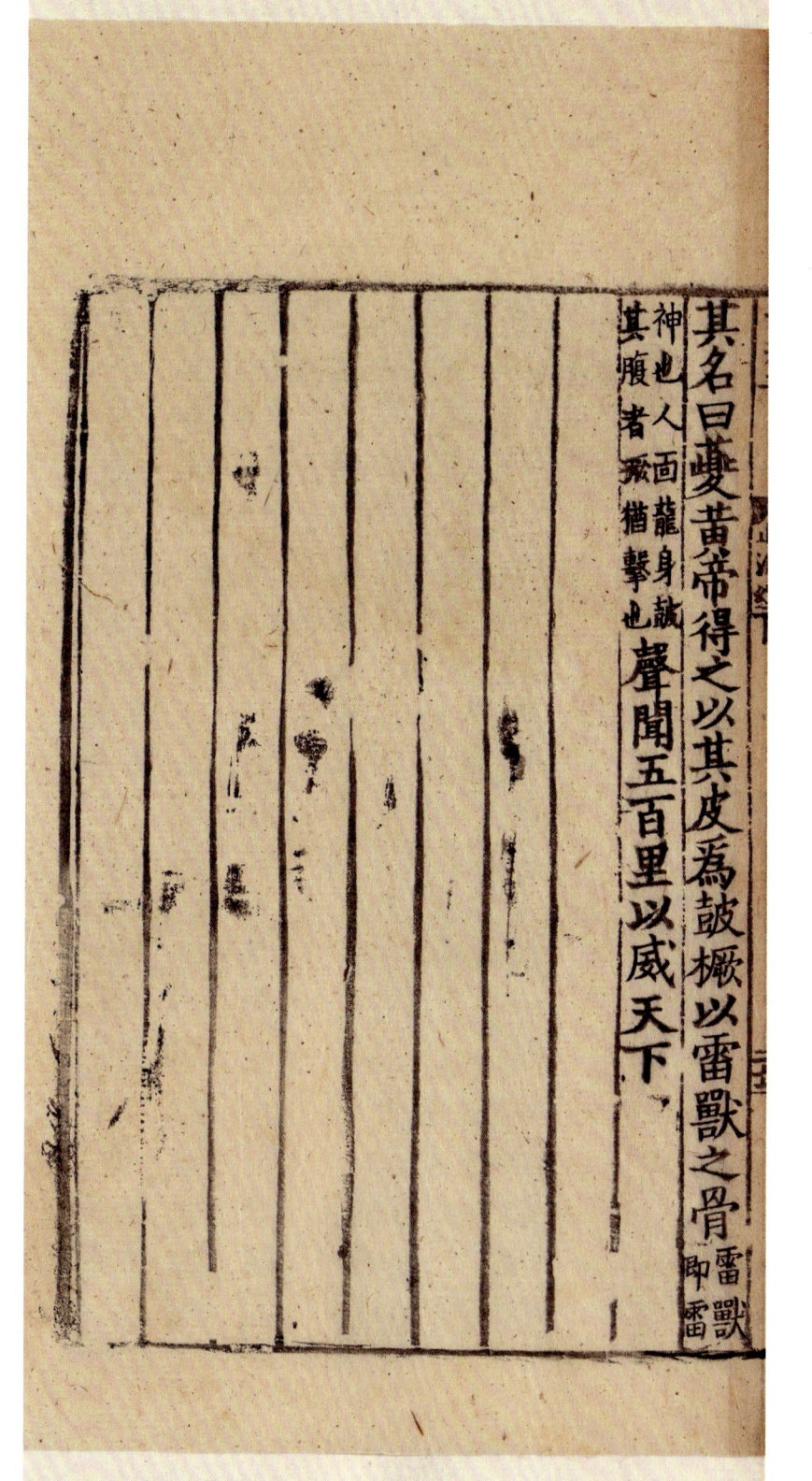

大荒南經第十五　郭氏傳

南海之外赤水之西流沙之東（赤水出崑崙山流沙出鍾山也）有獸左右有首名曰跊踢（出狄名國 跊踢兩音）有三青獸相并名曰雙雙（言體合爲一也公羊傳所云雙雙而俱至者蓋謂此也）

有阿山者南海之中有汜天之山赤水窮焉（赤水窮於此山也）赤水之東有蒼梧之野舜與叔均之所葬也（叔均商均也舜巡狩死於蒼梧而葬之商均因留死亦葬焉基今在九疑之中）爰有文貝（即紫貝也）離俞（即離朱）鴟久（即鵂鶹也）鷹賈（賈亦鷹屬）委維（即委蛇也）熊羆象虎豹狼視肉

有縈山縈水出焉黑水之南有玄蛇食麈（今南方蚦蛇吞鹿亦此類）

有巫山者西有黃鳥帝藥八齋（天帝神仙藥在此也）黃鳥於巫山

司此玄蛇（言主之也）

大荒之中有不庭之山榮水窮焉有人三身帝俊妻娥皇生此三身之國（蓋後裔所出也）姚姓黍食使四鳥（姚舜姓也）

有淵四方四隅皆達（言淵四角皆旁通也）北屬黑水南屬大荒（屬猶連也）北旁名曰少和之淵南旁名曰從淵（音聳）舜之所浴也（言舜嘗在此中澡浴也）

又有成山甘水窮焉（甘水出甘山極此中也）有季禺之國顓頊之子食黍（言此國人顓頊之裔子也）有羽民之國其民皆生毛羽

有卵民之國其民皆生卵（即卵生也）

大荒之中有不姜之山黑水窮焉（黑水出崑崙山）又有賈山汔

水出焉又有言山又有登備之山即登葆山羣巫所從上下者也有𢙽𢙽之山音如券契之契又有蒲山澧音禮水出焉又有隗山音隗嵬其西有丹其東有玉又南有山漂水出焉音栗有尾山有翠山言此山有翠鳥也

有盈民之國於姓黍食又有人方食木葉

有不死之國阿姓甘木是食甘木即不死樹食之不老

大荒之中有山名曰去痓南極果北不成去痓果音如風痓之痓未詳

南海渚中有神人面珥兩青蛇踐兩赤蛇曰不廷胡余一神名耳有神名曰因因乎南方曰因乎夸風曰乎民亦有三名

處南極以出入風

有襄山又有重陰之山有人食獸曰季釐帝俊生季釐

故曰季釐之國有緡淵（音昏）少昊生倍伐倍伐降處緡淵

有水四方名曰俊壇（水狀似土壇因名舜壇也）

有臷民之國（爲人黃色）帝舜生無淫降臷處是謂巫臷民巫

臷民盼姓食穀不績不經服也（言自然有布帛也）不稼不穡食

也（言五穀自生也種之爲稼收之爲穡）爰有歌舞之鳥鸞鳥自歌鳳鳥自

舞爰有百獸相羣爰處百穀所聚

大荒之中有山名曰融天海水南入焉有人曰鑿齒羿

殺之（射殺也）

有蜮山者有蜮民之國音惑桑姓食黍射蜮是食蜮短狐也似鼈

含沙射人中之則病死此山出之亦以名云 有人方扜弓射黄蛇扜挽也音紆 名

曰蜮人

有宋山者有赤蛇名曰育蛇有木生山上名曰楓木楓

木蚩尤所棄其桎梏蚩尤爲黄帝所得械而殺之已摘棄其械化而爲樹也 是謂

楓木即今楓香樹 有人方齒虎尾名曰祖狀之尸音如柤梨之柤

有小人名曰焦僥之國皆長三尺幾姓嘉穀是食

大荒之中有山名死塗之山音朽 青水窮焉青水出崑崙 有雲

雨之山有木名曰欒音鸞 禹攻雲雨攻謂槎伐其林木 有赤石焉

生欒言山有精靈復變生此木於赤石之上 黄本赤枝青葉羣帝焉取藥

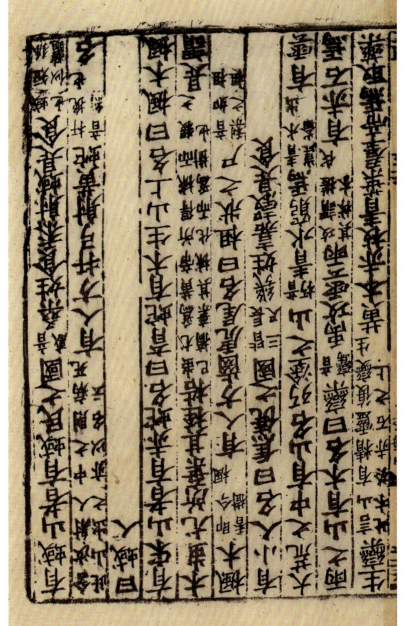

言樹花實皆爲神藥

有國曰顓頊生伯服食黍有𩳐姓之國音如橘柚之柚有苕山又有宗山又有姓山又有壑山又有陳州山又有東州山又有白水山白水出焉而生白淵昆吾之師所浴也昆吾古王者号音義曰昆吾山名溪水也出善金二文有異莫知所辨測有人名曰張弘在海上捕魚海中有張弘之國或曰即奇肱人疑非食魚使四鳥有人焉鳥喙有翼方捕魚於海

大荒之中有人名曰驩頭鯀妻士敬士敬子曰炎融生驩頭驩頭人面鳥喙有翼食海中魚杖翼而行翅不可以飛倚杖之用行

而巳維宜芑苣穋楊是食管子說地所宜云其種穋杞黑黍音禾類也苣[illegible]黍今字作黍

旁起秬秬三音有驩頭之國

帝堯帝嚳帝舜葬於岳山即狄山也爰有文貝離俞鴟久鷹

賈延維視肉熊羆虎豹朱木赤支青華玄實有申山者

大荒之中有山名曰天臺高山海水入焉

東南海之外甘水之間有羲和之國有女子名曰羲和

方浴日於甘淵羲和蓋天地始生主日月者也故啓筮曰空桑之蒼蒼八極之既張乃有夫羲和是主日月職出入以爲晦明又曰瞻彼上天一明一晦有夫羲和之子出于湯谷故堯因此而立羲和之官以主四時其後世遂爲此國作日月之象而掌之沐浴運轉之於甘水中以效其出入湯谷虞淵也所謂世不失職耳

羲和者帝俊之妻生十日言生十子各以日名名之故言生十日數十也

有蓋猶之山者其上有甘柤枝幹皆赤黄葉白華黑實東又有甘華枝幹皆赤黄葉有青馬有赤馬名曰三騅有視肉有小人名曰菌人音如朝菌之菌有南類之山爰有遺玉青馬三騅視肉甘華百穀所在

大荒西經第十六

郭氏傳

西北海之外大荒之隅有山而不合名曰不周負子淮南子曰昔者共工與顓頊爭帝怒而觸不周之山天維絕地柱折故今此山缺壞不周匝也有兩黃獸守之有水曰寒暑之水水西有濕山水東有幕山音莫有禹攻共工國山言攻其國殺其臣相柳於此山啓筮曰共工人面蛇身朱髮也

有國名曰淑士顓頊之子言亦出自高陽氏也有神十人名曰女媧之腸或作女媧之腹化爲神處栗廣之野女媧古神女而帝者人面蛇身一日中七十變其腹化爲此神栗廣野名媧音瓜橫道而處言斷道也有人名曰石夷來風曰韋來或作本也處西北隅以司日月之長短言察日月晷度之節有五彩之鳥有冠名曰狂鳥爾雅云狂夢鳥卽此也有大澤之

長山有白民之國

西北海之外赤水之東有長脛之國脚長三丈有西周之國姬姓食穀有人方耕名曰叔均帝俊生后稷俊宜爲嚳嚳第二妃生后稷也稷降以百穀稷之弟曰台璽音胎生叔均叔均是代其父及稷播百穀始作耕有赤國妻氏有雙山

西海之外大荒之中有方山者上有青樹名曰柜格之松木名音矩日月所出入也

西北海之外赤水之西有先民之國食穀使四鳥有北狄之國黃帝之孫曰始均始均生北狄有芒山有桂山有搖山此山多桂及搖木因名云耳其上有人號曰太子長琴顓頊

生老童世本云顓頊娶于滕墳氏謂之女祿產老童也老童生祝融即重黎也高辛氏火正號曰祝融也祝融生太子長琴是處搖山始作樂風創制樂風曲也

有五彩鳥三名一曰皇鳥一曰鸞鳥一曰鳳鳥有蟲狀如菟胷以後者裸不見言皮色青故不見其裸露處青如猨狀狀又似猨

大荒之中有山名曰豐沮玉門日月所入有靈山巫咸巫即巫盼巫彭巫姑巫真巫禮巫抵巫謝巫羅十巫從此升降百藥爰在群巫上下此山采之也

西有王母之山壑山海山皆群大靈之山有沃之國言其土饒沃也沃民是處沃之野鳳鳥之卵是食甘露是飲凡其所欲其味盡存言其所願滋味此無所不備爰有甘華甘柤白柳視肉三騅

琁瑰瑶碧琁瑰亦玉名穆天子傳曰枝斯璿瑰瑰枚回二音白木琅玕樹色正白今南方有文木亦黑木也白丹青丹又有黑丹也孝經援神契曰王者德至山陵而黑丹出然則丹者別是彩名亦猶黑白黃皆云丹也多銀鐵鸞鳥自歌鳳鳥自舞爰有百獸相羣是處是謂沃之野有三青鳥赤首黑目一名曰大鵹一名少鵹音黎一名曰青鳥皆西王母所使也有軒轅之臺射者不敢西嚮射畏軒轅之臺敬難黃帝之神

大荒之中有龍山日月所入有三澤水名曰三淖昆吾之所食也穆天子傳曰滔水濁繇氏之所食亦此類也有人衣青以袂蔽面袂袖名曰女丑之尸有女子之國王頎至沃沮國盡東界問其耆老云國人常乘船捕魚遭風見吹數十日東一國在大海中純女無男即此國也

有桃山有蚩山有桂山有于土山有丈夫之國[其國無婦人也]有弇州之山五彩之鳥仰天[張口噓天]名曰鳴鳥爰有百樂歌儛之風[爰有百種伎樂歌儛風曲]有軒轅之國[其人人面蛇身]江山之南棲爲吉[即窮山之際也山居爲棲吉者言無凶夭]不壽者乃八百歲[壽者數千歲]

西海陼中有神人面鳥身珥兩青蛇踐兩赤蛇名曰弇茲

大荒之中有山名曰日月山天樞也吴姖天門日月所入有神人面無臂兩足反屬於頭上名曰噓[言噓啼也]

顓頊生老童老童生重及黎[世本云老童娶於根水氏謂之驕福產重及黎]帝令重獻上天令黎卭下地[古者人神雜擾無別顓頊乃命南正重司天以屬神命火正黎司地以屬民重實上天黎實下地獻卭義未詳也]下地是生噎處於西極以

行日月星辰之行次主察日月星辰之度數次舍也
有人反臂名曰天虞亦尸虞也有女子方浴月帝俊妻常羲
生月十有二此始浴之義與羲和浴日同有玄丹之山出黑丹也有
五色之鳥人面有髮爰有青鴍音文黃鷔音敖青鳥黃鳥其
所集者其國亡有池名孟翼之攻顓頊之池孟翼人姓名也
大荒之中有山名曰鏖鏊鉅鏖鏊音如敖日月所入者
有獸左右有首名曰屏蓬即并封也語有輕重耳有巫山者有壑
山者有金門之山有人名曰黃姖之尸有比翼之鳥有
白鳥青翼黃尾玄喙音有赤犬名曰天犬其所下者
有兵周書云天狗所止地盡傾餘光燭天爲流星長數十丈其疾如風其聲如雷其光如電吳楚七國反

時未過梁國者是也

西海之南流沙之濱赤水之後黑水之前有大山名曰崑崙之丘有神人面虎身有文有尾皆白處之言其尾以白爲點駮其下有弱水之淵環之其水不勝鴻毛其外有炎火之山投物輒然今去扶南東萬里有耆薄國東復五千里許有火山國其山雖霖雨火常然火中有白鼠時出山邊求食人捕得之以毛作布今之火澣布是也即此山之類有人戴勝虎齒有豹尾穴處名曰西王母河圖玉版亦曰西王母居崑崙之山西山經曰西王母居玉山穆天子傳曰乃紀名迹于弇山之石曰西王母之山也然則西王母雖以崑崙之宮亦自有離宮別窟游息之處不專住一山也故記事者各舉所見而言之此山萬物盡有

大荒之中有山名曰常陽之山日月所入

有寒荒之國有二人女祭女薎或持觶或持俎

有壽麻之國呂氏春秋曰南服壽麻北懷闟耳

南岳娶州山女名曰女虔女虔生季格季格生壽麻壽麻正立無景疾呼無響言其稟形氣有異於人也列仙傳曰玄俗無景爰有大暑不可以往言熱炙殺人也有人無首操戈盾立名曰夏耕之尸亦形天尸之類故成湯伐夏桀于章山克之于章山名斬耕厥前頭亦在前者耕既立無首走厥咎逃避罪也乃降于巫山自竄于巫山巫山今在建平巫縣

有人名曰吴回奇左是無右臂即奇肱也吴回祝融弟亦為火正也

有蓋山之國有樹赤皮支幹青葉名曰朱木或作朱威木也有

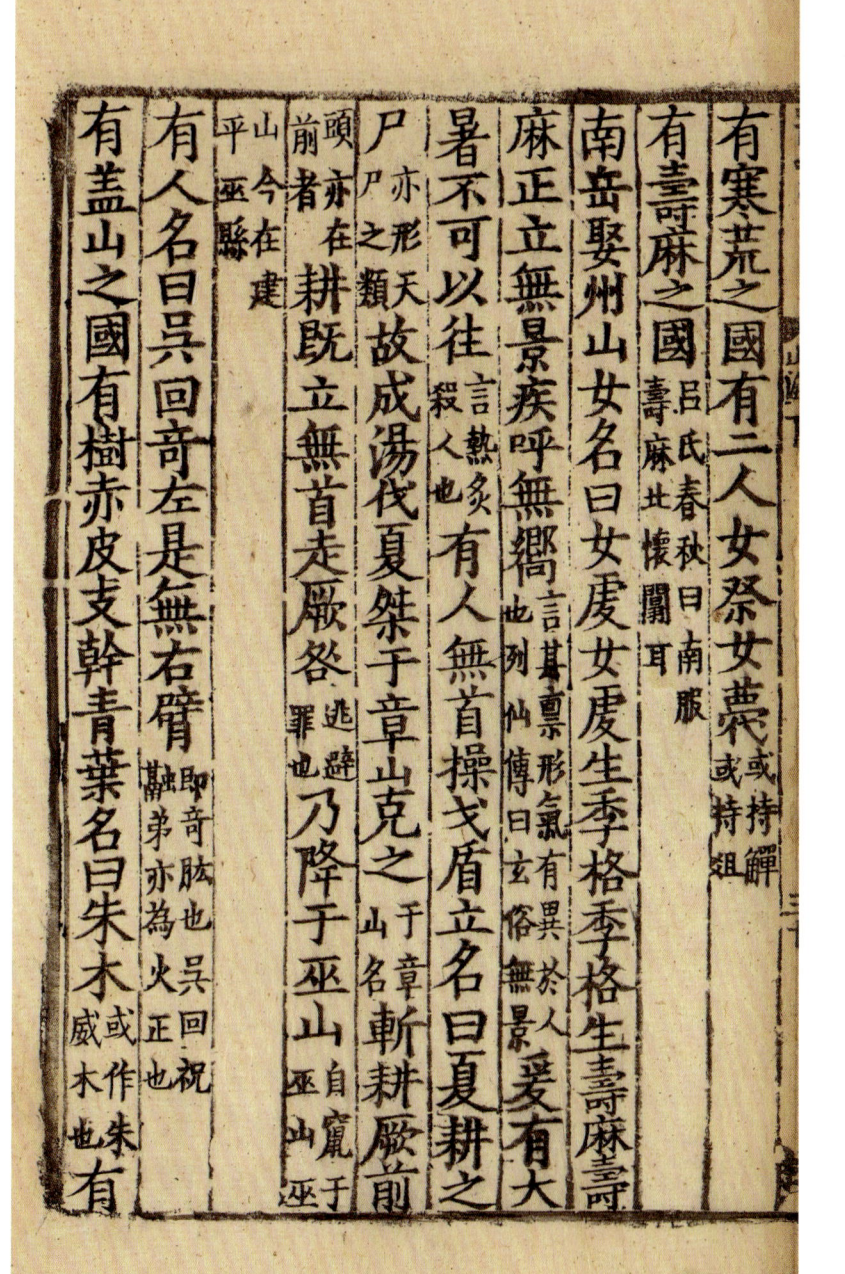

一臂民北極下亦有一脚人見河圖玉版

大荒之中有山名曰大荒之山日月所入有人焉三面是顓頊之子三面一臂無左臂也三面之人不死言人頭三邊各有面也玄菟太守王頎至沃沮國問其耆老云復有一破船隨波出在海岸邊上有一人項中復有面與語不解了不食而死此是兩面人也呂氏春秋曰一臂三面之鄉也是謂大荒之野

西南海之外赤水之南流沙之西有人珥兩青蛇乘兩龍名曰夏后開開上三嬪于天嬪婦也言獻美人于天帝得九辯與九歌以下皆天帝樂名也開登天而竊以下用之也開筮曰昔彼九冥是與帝辯同宫之序是爲九歌又曰不可竊辯與九歌以國于下義具見於歸藏此天穆之野高二千仞竹書曰顓頊產伯鯀是維若陽居天穆之陽也開焉得始歌九招竹書曰夏后開舞九招也

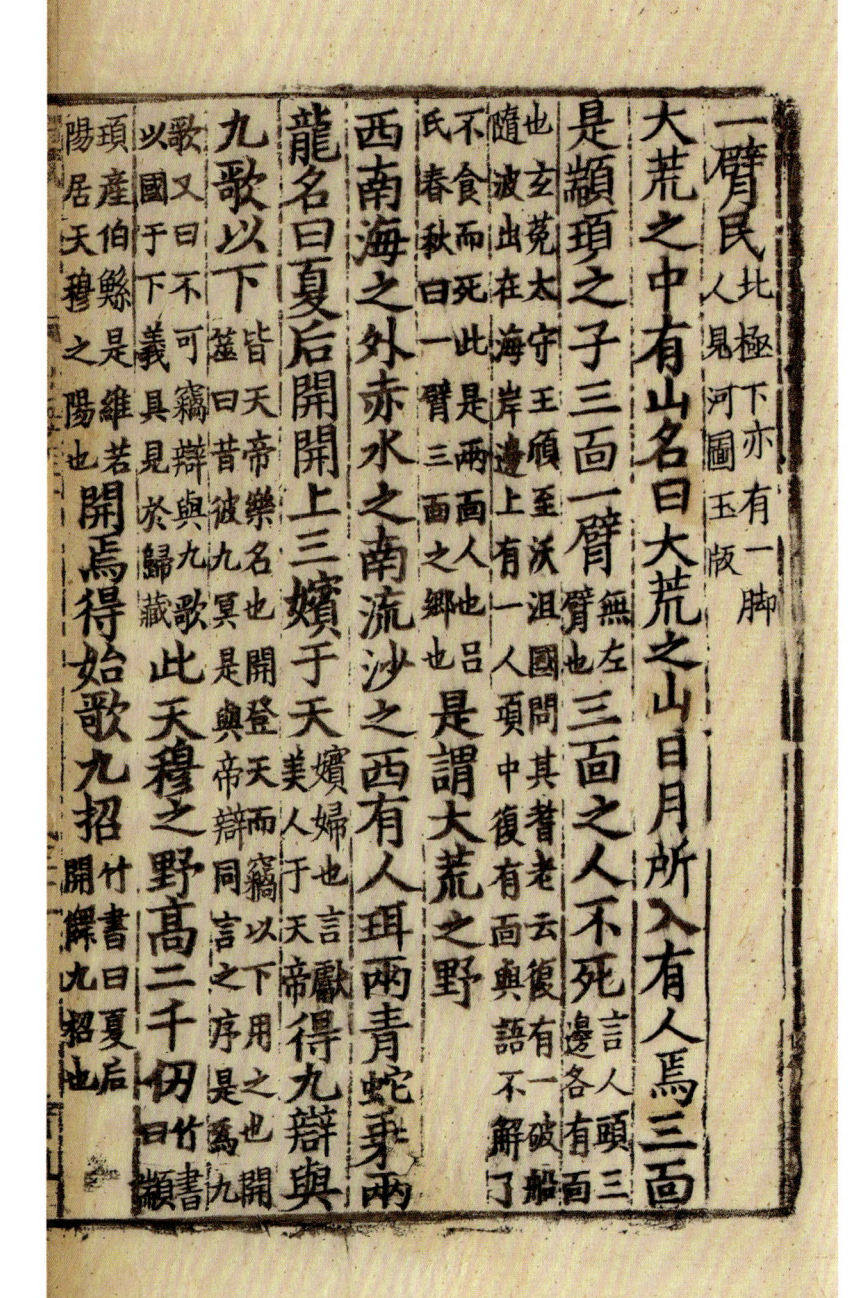

有互人之國人面魚身炎帝之孫炎帝神農名曰靈恝音如券契之契靈
恝生互人是能上下于天言能乘雲雨也有魚偏枯名曰魚婦
顓頊死即復蘇言其人變化也風道此來天乃大水泉言泉水得
風暴溢出道猶從也韓非曰玄鶴二八道南方而來蛇乃化爲魚是謂魚婦顓頊
死即復蘇淮南子曰后稷龍在建木西其人死復蘇其半爲魚盖謂此也有青鳥身黃
赤足六首名曰鸀鳥音觸有大巫山有金之山西南大荒
之中隅有偏勾常羊之山

案夏后開即啓避漢景帝諱云

大荒北經第十七

郭氏傳

東北海之外大荒之中河水之間附禺之山帝顓頊與九嬪葬焉此皆殊俗義所作冢爰有鴟久文貝離俞鸞鳥鳳鳥大物小物言備有也有青鳥琅鳥玄鳥黃鳥虎豹熊羆黃蛇視肉璿瑰瑤碧皆出衞於山在其山邊也丘方圓三百里丘南帝俊竹林在焉大可爲舟言舜林中竹一節則可以爲船也竹南有赤澤水水色赤也名曰封淵封亦大也有三桑無枝皆高百仞丘西有沉淵顓頊所浴

有胡不與之國一國復名耳今胡夷語皆通然烈姓黍食

大荒之中有山名曰不咸有肅愼氏之國今肅愼國去遼東三千餘里穴

居無衣衣猪皮冬以膏塗體厚數分用却風寒其人皆工射弓長四尺勁彊箭以楛木爲之長尺五寸青石爲鏑此春秋時隼集陳侯之庭所得矢也晉大與三年平州刺史崔毖遣別駕高會使來獻肅慎氏之弓矢箭鏃有似銅骨作者問云轉與海內國通得用此今名之爲挹婁國出好貂赤玉豈從海外轉而至此乎後漢書所謂挹婁者國是也有蜚蛭四翼翡窒兩音有蟲獸首蛇身名曰琴蟲亦蛇類也有人名曰大人有大人之國釐姓黍食有大青蛇黃頭食麈今南方蚦蛇食鹿鹿亦麈屬也有榆山有鯀攻程州之山皆因其事而名物也大荒之中有山名曰衡天有先民之山有槃木千里音盤有叔歜國音昨感反一音觸顓頊之子黍食使四鳥虎豹熊羆有黑蟲如熊狀名曰猎猎或作獡音夕同有北齊之國姜姓使虎豹熊羆

大荒之中有山名曰先檻大逢之山河濟所入海北注焉河濟注海已復出海外入此山中也其西有山名曰禹所積石有陽山者有順山者順水出焉

有始州之國有丹山此山純出丹朱也竹書曰和甲西征得一丹山今所在亦有丹山丹出土穴中

有大澤方千里羣鳥所解穆天子傳曰北至廣原之野飛鳥所解其羽乃於此獵鳥獸絕羣載羽自畢竹書亦曰穆王北征行流沙千里積羽千里皆謂此澤也

有毛民之國其人面躰皆生毛依姓食黍使四鳥禹生均國均國生役采役采采一作來生脩鞈鞈音如[illegible]袷之袷脩鞈殺綽人人名帝念之潛爲之國潛密同之爲国是此毛民

有儋耳之國任姓（其人耳大下儋垂在肩上朱崖儋耳鏤畫其耳亦以放之也）禺號
子食穀北海之者中（言在海名中種粟谷食謂禺淵也）有神人面鳥身
珥兩青蛇踐兩赤蛇名曰禺彊
大荒之中有山名曰北極天櫃（音匱）海水北注焉有神九首人
面鳥身名曰九鳳又有神銜蛇操蛇其狀虎首人身四蹄
長肘名曰彊良（亦在獸畫中）
大荒之中有山名曰成都載天有人珥兩黃蛇把兩黃
蛇名曰夸父后土生信信生夸父夸父不量力欲追日
景逮之於禺谷（禺淵日所入也今作虞）將飲河而不足也將走大
澤未至死于此（禺也）應龍已殺蚩尤又殺夸父（上云夸父不量力與

日兢而死今此復云爲應龍所殺死無定名觸事而寄明其變化無方不可揆測也乃去南方處之故南方多雨言龍水物以類相感故也又有無腸之國是任姓長也無繼子食魚繼亦當作脊謂膞腸也共工臣名曰相繇相柳也語聲轉耳九首蛇身自環言轉旋也食于九土言貪殘也其所歍所尼歍嘔猶噴吒尼止也即爲源澤言多氣力不辛乃苦言氣酷烈百獸莫能處言畏之也禹湮洪水殺相繇禹塞洪水由以溺殺之也其血腥臭不可生穀其地多水不可居也言其膏血滂流成淵水也禹湮之三仞三沮言禹以土塞之地稻壞也乃以爲池羣帝是因以爲臺地下宜積土故衆帝因來在此共作臺在崑崙之北有岳之山尋竹生焉尋大竹名

大荒之中有山名曰不句海水入焉有係昆之山者有共

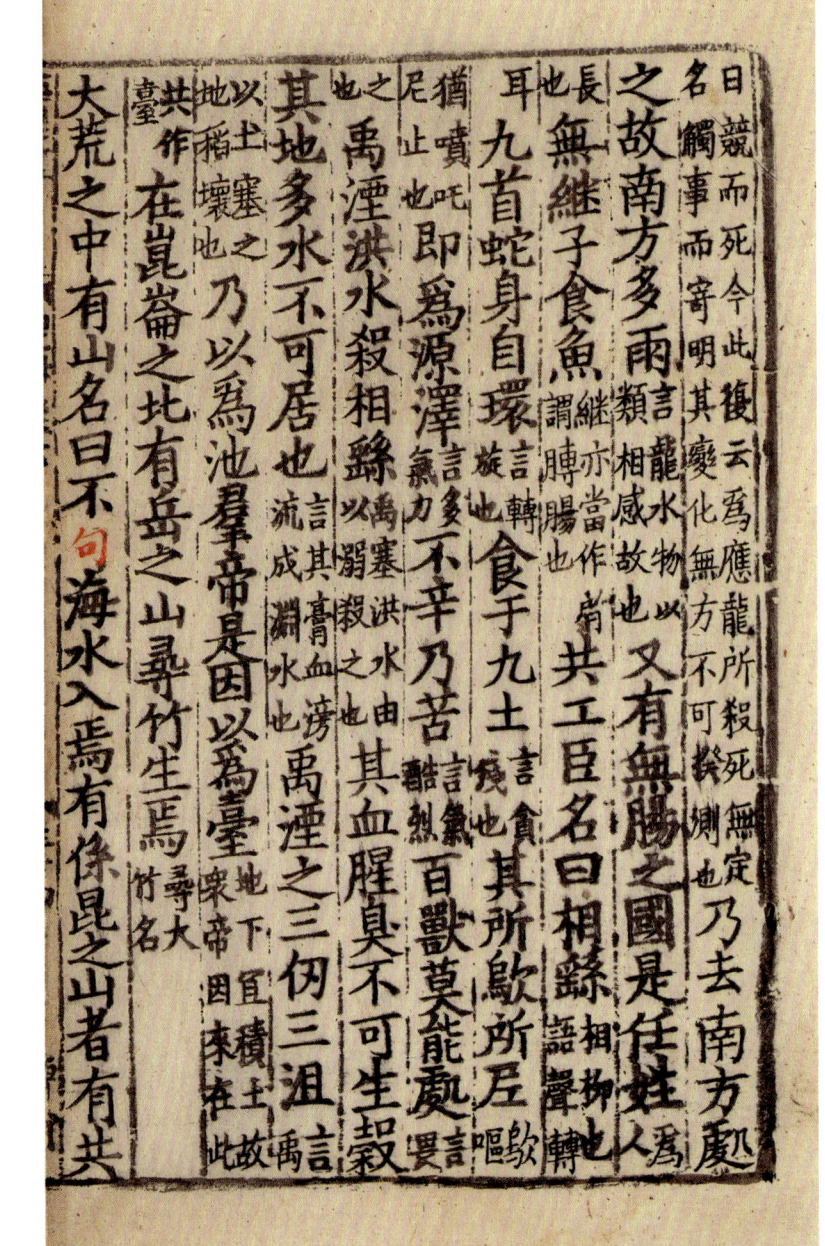

工之臺射者不敢北嚮（言畏之也）有人衣青衣名曰黃帝女魃（音如旱魃之魃）蚩尤作兵伐黃帝黃帝乃令應龍攻之冀州之野（冀州中土也黃帝亦教虎豹熊羆以與炎帝戰于阪泉之野而克之見史記）應龍畜水蚩尤請風伯雨師縱大風雨黃帝乃下天女曰魃雨止遂殺蚩尤魃不得復上所居不雨（旱氣在也）叔均言之帝後置之赤水之北（遠徙之也）叔均乃爲田祖（主田之官詩云田祖有神）魃時亡之（畏見逐也）所欲逐之者令曰神北行（向水位也）先除水道決通溝瀆（言逐之必得雨故見先利水道令之逐魃是也）

有人方食魚名曰深目民之國盼姓食魚（亦胡類但眼絕深黃帝時至也）

有鍾山者有女子衣青衣名曰赤水女子獻（神女也）

大荒之中有山名曰融父山順水入焉有人名曰犬戎黃帝生苗龍苗龍生融吾融吾生弄（一作卞）明弄明生白犬白犬有牝牡（言自相牝合也）是為犬戎肉食有赤獸馬狀無首名曰戎宣王尸（犬戎神名也）

有山名曰齊州之山君山䰝山（音潛）鮮野山魚山有人一目當面中生一曰是威姓少昊之子食黍有繼無民繼無民任姓無骨子食氣魚（言有無骨人也尸子曰徐偃王有筋無骨）

西北海外流沙之東有國曰中輪顓頊之子食黍有國名曰賴丘有犬戎國有神人面獸身名曰犬戎

西北海外黑水之汜有人有翼名曰苗民（三苗之民）顓頊生

驩頭驩頭生苗民苗民釐姓食肉有山名曰章山

大荒之中有衡石山九陰山灰野之山上有赤樹青葉赤華名曰若木生崑崙西附西極其華光赤下照地有牛黎之國有人無骨儋耳之子儋耳人生無骨子也

西北海之外赤水之北有逺尾山有神人面蛇身而赤身長千里直目正乘直目目從也正乘未聞其瞑乃晦其視乃明言視為晝眼為夜也不食不寢不息風雨是謁言能請致風雨是燭九陰照九陰之幽隱沉是謂燭龍離騷曰日安不到燭龍何燿詩含神霧曰天不足西北無有陰陽消息故有龍銜精以往照天門中云淮南子曰蔽于委羽之山不見天日也

海内經第十八

東經之内北海之隅有國名曰朝鮮天毒其人水居朝鮮今樂浪郡也天毒即天竺國貴道德有文書金銀錢貨浮屠出此國中也晉大興四年天竺胡王獻珍寶偎人愛人銀亦愛也音隱隈

西海之内流沙之中有國名曰壑市音郝

西海之内流沙之西有國名曰氾葉音如氾濫之氾

流沙之西有鳥山碧三水出焉三水同出一也爰有黃金璿瑰丹貨銀鐵皆流于此中言其中有雜珍奇貨也又有淮山好水出焉

流沙之東黑水之西有朝雲之國司彘之國黃帝妻雷

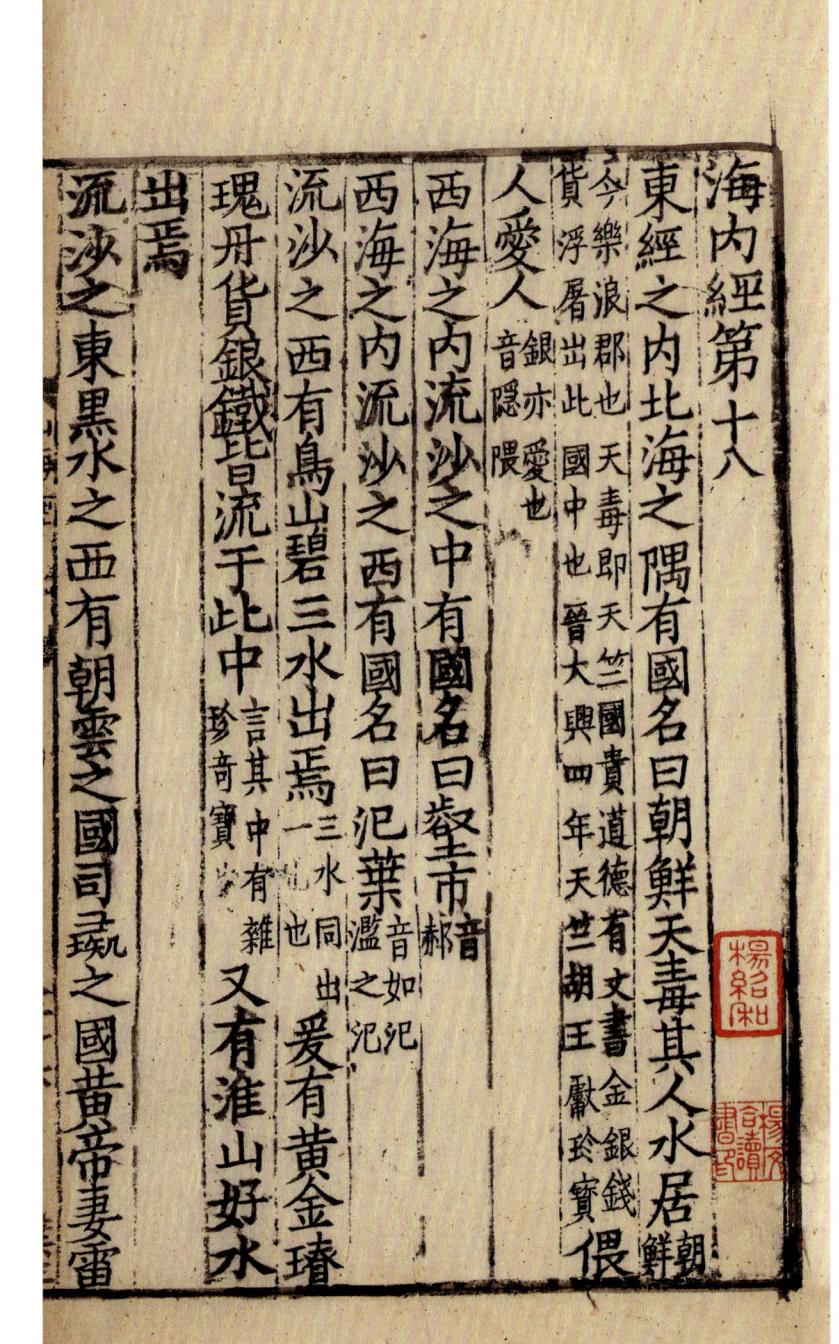

祖生昌意世本云黃帝娶于西陵氏之子謂之纍祖產青陽及昌意昌意降處若水生韓流竹書云昌意降居若水產帝乾荒乾荒即韓流也生帝顓頊韓流擢首謹耳擢首長咽謹耳未開人面豕喙麟身渠股渠車輞言跰脚也大傳曰戚如車渠豚止止足取淖子曰阿女生帝顓頊世本云顓頊母濁山氏之子名昌僕

流沙之東黑水之間有山名不死之山即員丘也華山青水之東有山名曰肇山有人名曰栢高栢子高仙者也栢高上下於此至于天言翱翔雲天往來此山也

西南黑水之間有都廣之野后稷葬焉其城方三百里蓋天下之中素女所出也離騷曰絕都廣野而直指號爰有膏菽膏稻膏黍膏稷言味好皆滑如膏外傳曰膏粢之子菽豆粢粟也百穀自生冬夏播琴播琴猶播殖方俗言耳

鸞鳥自歌鳳鳥自儛靈壽實華（靈壽木名也似竹有枝節）草木所
聚（在此叢殖也）爰有百獸相羣爰處（於此羣聚）此草也冬夏不死
南海之內黑水青水之間有木名曰若木（樹赤華青）若水出
焉有禺中之國有列襄之國有靈山有赤蛇在木上名
曰蝡蛇木食（言不食禽獸也音如耎弱之耎）
有鹽長之國有人焉鳥首名曰鳥氏（今佛書中有此人即鳥夷也）有
九丘以水絡之（絡猶繞也）名曰陶唐之丘（陶唐堯號）有叔得之丘
孟盈之丘昆吾之丘（此山出名金也尸子曰昆吾之金）黑白之丘赤望
之丘參衛之丘武夫之丘（此山出美石）神民之丘（言上有神人）有
木青葉紫莖玄華黃實名曰建木百仞無枝有九欘（枝回）

曲也音如斤斵之斵下有九枸（根盤錯也淮南子曰木大則根欔音劬）其實如麻

似𮈗子也其葉如芒（芒木似棠梨也）大皞爰過（言庖羲於此經過也）黄帝所爲

言治護之也有窫窳龍首是食人（在弱水中）有青獸人面名曰猩

猩（能言）

西南有巴國（今三巴是）大皞生咸鳥咸鳥生乘釐乘釐生後

照後照是始爲巴人（爲之始祖）有國名曰流黄辛氏（即鄷氏也）其

域中方三百里其出是塵土（言殷盛也）有巴遂山澠水出焉

又有朱卷之國有黑蛇青首食象（即巴蛇也）

南方有贛巨人（即梟楊也音感）人面長臂黑身有毛反踵見人

笑亦笑脣蔽其面因即逃也又有黑人虎首鳥足四手

持蛇方啗之

有鸁民鳥足音盈有封豕大猪也羿射殺之有人曰苗民三苗民也有神焉人首蛇身長如轅大如車轂澤神也左右有首歧頭衣紫衣冠旃冠名曰延維委蛇人主得而饗食之伯天下齊桓公出田於大澤見之遂霸諸侯亦見莊周作朱冠有鸞鳥自歌鳳鳥自儛鳳鳥首文曰德翼文曰順膺文曰仁背文曰義見則天下和言和平也又有青獸如菟名曰𦵯狗音如朝菌之菌有翠鳥有孔鳥孔雀也

南海之内有衡山南嶽有菌山音菌有桂山或云衡山有菌桂桂員似竹見本草有山名三天子之都一本三天子之鄣山

南方蒼梧之丘蒼梧之淵其中有九嶷音疑山舜之所葬

在長沙零陵界中山今在零陵營道縣南其山九谿皆相似故云九是古者惣名其地爲蒼
梧也北海之内有蛇山者蛇水出焉東入于海有五彩之
鳥飛蔽一鄉漢宣帝元康元年五色鳥以萬數過蜀都即此鳥也名曰翳鳥鳳屬也離
騷曰駟玉虬而乘翳又有不距之山巧倕葬其西倕堯巧工也音瑞
北海之内有反縛盜械帶戈常倍之佐名曰相顧之尸
亦貳負危之類伯夷父生西岳西岳生先龍先龍是始生氐
羌氐羌乞姓伯夷父顓頊師今氐羌其苗裔也
北海之内有山名曰幽都之山黑水出焉其上有玄鳥
玄蛇玄豹玄虎黑虎名虪見爾雅玄狐蓬尾蓬叢也阻留反說曰蓬狐文豹之
皮有大玄之山有玄丘之民言丘上人物盡黑也有大幽之國

（民也。穴居無衣）有赤脛之民（膝已下正赤色）。

有釘靈之國，其民從膝已下有毛，馬蹄善走（詩含神霧曰：馬蹄自鞭其蹄，日行三百里）。

炎帝之孫伯陵，伯陵同吴權之妻阿女緣婦（同猶通，言淫之也。吴權，人姓名），緣婦孕三年（孕，懷身也），是生鼓、延、殳，始為侯（三子名也。殳音殊）。

鼓、延是始為鍾（世本云：毋句作磬，巫作鍾），為樂風（作樂之曲制）。

黄帝生駱明，駱明生白馬，白馬是為鯀（即禹父也。世本曰：黄帝生昌意，昌意生顓頊，顓頊生鯀）。

帝俊生禺號，禺號生淫梁，淫梁生番禺，是始為舟（世本云：共鼓、貨狄作舟）。番禺生奚仲，奚仲生吉光，吉光是始以木為車（世本云：奚仲作車。此言吉光，明其父子共創作意，是以互稱之）。少皞生般，

般是始為弓矢世本云牟夷作矢揮作弓弓矢一器作者兩人於義有疑此言般之作是
帝俊賜羿彤弓素矰彤弓朱弓矰矢名以白羽羽之外傳白羽之矰望之如荼也以扶下國言令羿以射道除患扶助下國羿是始去恤下地之百艱言射殺鑿齒封豕之屬也有窮后羿慕羿射故號此名也帝俊生晏龍晏龍是為琴瑟世本云伏羲作琴神農作瑟帝俊有子八人是始為歌儛帝俊生三身三身生義均義均是始為巧倕是始作下民百巧后稷是播百穀稷之孫曰叔均叔均是始作牛耕始用牛犂也大比赤陰或作音是始為國得封為國禹鯀是始布土均定九州布猶敷也書曰禹敷土定高山大川炎帝之妻赤水之子聽訞生炎居炎居生節並節並生戲器戲器生祝融祝融高辛氏火正號祝融降處于

江水生共工共工生術器術器首方顛（頭頂平也）是復土穰以處江水（復祝融之所也）共工生后土后土生噎鳴噎鳴生歲十有二（生十二子皆以歲名名之故云然）洪水滔天（滔漫也）鯀竊帝之息壤以堙洪水（息壤者言土自長息無限故可以塞洪水也開筮曰滔滔洪水無所止極伯鯀乃以息石息壤以填洪水漢元帝時臨淮徐縣地踊長五六里高二丈即息土之類也）不待帝命帝令祝融殺鯀于羽郊（羽山之郊）鯀復生禹（開筮曰鯀死三歲不腐剖之以吳刀化為黃龍也）帝乃命禹卒布土以定九州（鯀績用不成故復命禹終其功）

山海經終

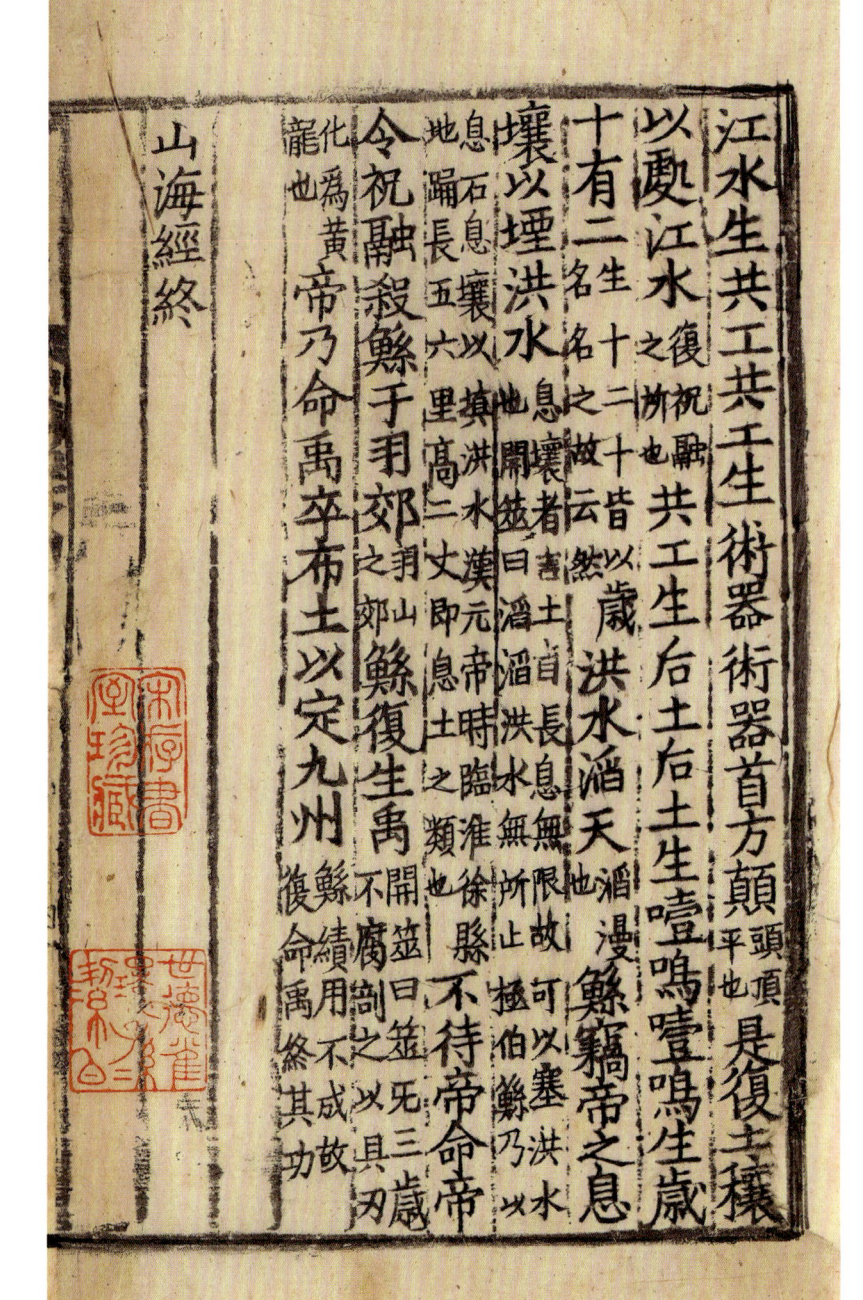

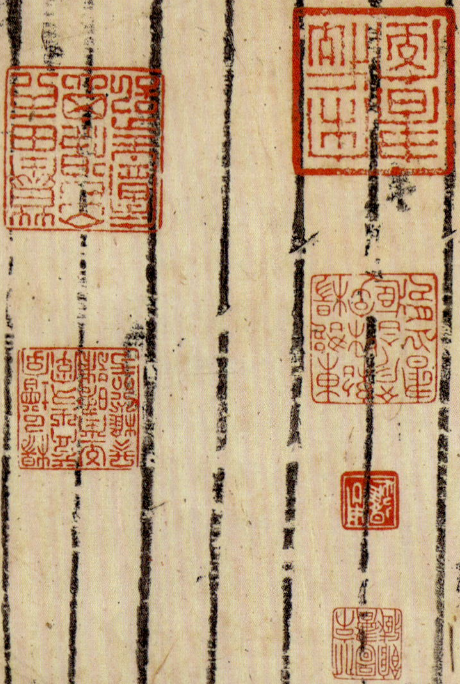

《國家珍貴古籍叢刊》目録（持續更新）

宋本周易
宋刻本　名録號 1—00191

宋本大學章句　宋本中庸章句
宋淳祐十二年當塗郡齋刻本　名録號 1—00320

元本論語集解
元相臺岳氏荆谿家塾刻本　名録號 1—00326

元本孟子（全二册）
元相臺岳氏荆谿家塾刻本　名録號 2—02614

宋本老子道德經古本集注直解
宋刻本　名録號 1—00990

宋本十一家注孫子
宋刻本　名録號 1—00618

宋本曹子建文集
宋刻本　名録號 1—01012

宋本河岳英靈集
宋刻本　名録號 1—01220

宋本王狀元集百家注分類東坡先生詩（全五册）
宋建安黄善夫家塾刻本　名録號 1—01107

宋本花間集
宋刻遞修公文紙印本　名録號 1—01254

宋本南華真經（全二册）
宋刻本　名録號 1—00991

元本黄帝内經素問（全三册）
元後至元五年胡氏古林書堂刻本　名録號 1—00627

宋本山海經
宋淳熙七年池陽郡齋刻本　名録號 1—00778

宋本李太白文集（全三册）
宋刻本　名録號 1—01025

宋本戰國策（全三册）

宋紹興刻本　名録號 1—00479

明抄彩繪本履巉巖本草（全二册）

明抄彩繪本　名録號 2—04561

元本梅花百咏　元本梅花字字香　清汲古閣影宋抄本梅花衲

元至大刻本　元至正刻本　清初毛氏汲古閣影宋抄本　名録號 1—01174　1—01188　3—08955

元本詩集傳（全二册）

元刻本　名録號 1—00239

明本洛陽伽藍記

明末毛氏緑君亭刻本　名録號 2—04220

元本稼軒長短句（全二册）

元大德三年廣信書院刻本　名録號 1—01252

元本東坡樂府

元延祐七年葉辰南阜書堂刻本　名録號 1—01248